新时代
〈管理〉
新思维

股权架构

顶层设计+五大模式+重组规划

朱栩 著

EQUITY
STRUCTURE

清华大学出版社
北京

内 容 简 介

股权架构的设计是公司的顶层设计，只有股权架构设计得合理，公司才能够在此基础上设计出合理的组织和治理结构，进而推动公司绩效增长。本书聚焦股权架构，以股权架构顶层设计、股权架构模式解码和股权架构重组规划 3 篇内容对股权架构进行拆解，目的是帮助读者从认识股权架构开始，逐步进行股权架构设计，并规避常见的风险与陷阱。

本书坚持从读者角度出发，为读者提供切实可行的股权架构设计方案。可以说，本书是一本兼具实用性和可操作性的好书，是创业时代的必备工具，非常适合创业者、企业家、股权经理人、对股权架构感兴趣的人群阅读。

图书在版编目(CIP)数据

股权架构：顶层设计＋五大模式＋重组规划 / 朱栩著 . —北京：清华大学出版社，2023.4
（2023.7重印）
　　（新时代·管理新思维）
　　ISBN 978-7-302-62401-1

Ⅰ.①股… Ⅱ.①朱… Ⅲ.①股权管理 Ⅳ.① F271.2

中国国家版本馆 CIP 数据核字 (2023) 第 013188 号

责任编辑：刘　洋
封面设计：徐　超
版式设计：方加青
责任校对：王荣静
责任印制：曹婉颖

出版发行：清华大学出版社
　　　　　网　　　址：http://www.tup.com.cn，http://www.wqbook.com
　　　　　地　　　址：北京清华大学学研大厦 A 座　　　　邮　　编：100084
　　　　　社 总 机：010-83470000　　　　　　　　　　　邮　　购：010-62786544
　　　　　投稿与读者服务：010-62776969，c-service@tup.tsinghua.edu.cn
　　　　　质 量 反 馈：010-62772015，zhiliang@tup.tsinghua.edu.cn
印 装 者：大厂回族自治县彩虹印刷有限公司
经　　销：全国新华书店
开　　本：170mm×240mm　　　印　　张：15.75　　　字　　数：248 千字
版　　次：2023 年 6 月第 1 版　　　印　　次：2023 年 7 月第 2 次印刷
定　　价：88.00 元

产品编号：098091-01

前　言

近年来，因为忽视股权架构而引发股权纠纷，从而导致创始团队散伙、公司发展受挫甚至一些股东锒铛入狱的事例屡见不鲜。这让越来越多的企业开始意识到，股权架构是否合理决定企业绩效的高低和生死存亡。

股权架构是公司组织架构的基础，而公司组织架构则是股权架构的具体表现形式。不同的股权架构决定了公司会有不同的组织架构，最终决定公司的绩效。因此，设计一个适合公司的股权架构对于公司的长远发展十分重要。同时，公司的股权架构也不是一成不变的，随着公司的发展，其股权架构也需要适时进行调整。

因此，创业者不仅要根据公司类型设计出满足公司发展需求、科学合理的股权架构，还要在公司创始团队有变动、公司扩张时，及时对股权架构进行调整，避免股权隐患。

那么，什么才是适合公司的股权架构？公司应怎样进行股权架构设计？笔者将自己的近 60 课时的"股权设计"内容进行了梳理和萃取，以股权架构为出发点，通过股权架构顶层设计、股权架构模式解码、股权架构重组规划 3 篇内容详细讲解股权架构。

上篇为股权架构顶层设计，讲解了股权架构战略、根据股权生命线科学设计股权、以分钱不分权的方式保障控制权、从多方面规避股权风险等内容。目的是让读者意识到股权架构对于公司经营的重要意义，同时了解股权架构设计的要点。

中篇为股权架构模式解码，对自然人股权架构、有限合伙股权架构、控股型股权架构、混合型股权架构、子公司股权架构五大股权架构模式进行了分析，分别讲解了不同股权架构模式的设计要点、优势、适合的公司等。同时，为了让创业者更清晰地了解不同股权架构模式的实际应用情况，本篇还融入诸多知名公司的实践案例，内容十分丰富。

下篇为股权架构重组规划，讲解了拟上市公司、家族式公司、被并购公司在进行股权架构重组时的注意事项、股权架构重组方法等，并融入许多经典案例。

本书通过以上3篇内容对股权架构进行了详细、全面的讲解，尽可能用案例推导出股权架构设计的方法论，为创业者进行股权架构设计提供有效的指导。按照公司的类型、所处发展阶段，创业者可以从本书中找到相对应的合适的股权架构设计方法，以合理的股权架构推动公司健康发展。

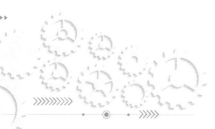

目　录

第 3 章 保障控制权：分钱而不分权 / 42

中篇　股权架构模式解码

第 6 章　自然人股权架构：股权关系更清晰　/　110

下篇　股权架构重组规划

第11章　拟上市公司：股权架构匹配上市目标 / 188

上篇　股权架构顶层设计

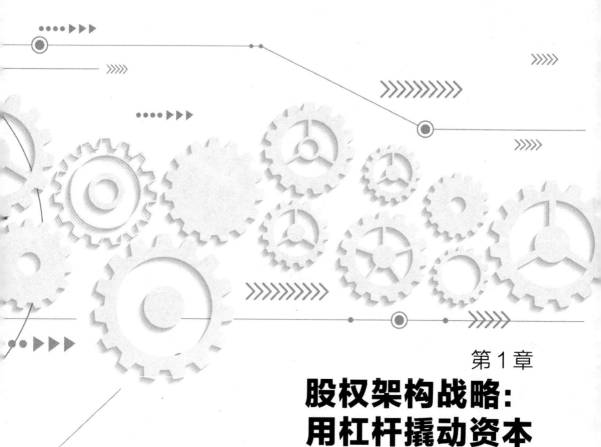

第 1 章

股权架构战略：
用杠杆撬动资本

　　股权指的是股东因出资或受让等方式拥有公司股份而享有的参与公司管理和获得公司利润分红的权利。对于公司而言，合理的股权架构可以用杠杆撬动资本，以少量资金控制更多外部资金。因此，公司经营者有必要了解股权对公司的意义，明确设计股权架构的原则、方法和要点。

1.1

股权对公司的意义

在公司发展的过程中，核心管理层往往会出现变动，因此在利益分配方面难免会有冲突。同时，在各方利益发生冲突时，股东维护自身利益的依据就是股权比例和股东权利。如果创始人没有在公司创立之初就设计好股权架构，那么当与股权相关的潜在矛盾爆发时，公司就会陷入进退两难的境地，甚至因此遭受损失。因此，合理的股权架构是公司稳定发展的基础，对于公司具有重大意义。

1.1.1 推动公司战略顺利落地

股权是经营公司的重要工具，也是拓展公司业务的重要手段，能够助力公司战略顺利落地。

2022 年 5 月，A 公司发布了一份公告，称将受让 B 公司 10% 的股权，并认购其新增的注册资本。在此之后，A 公司将拥有 B 公司 36% 的股权，同时，A 公司还将接受交易方 15% 表决权的委托，最终将拥有 B 公司 51% 的表决权。

自上市以来，在轨道交通装备用涂料行业深耕多年的 A 公司就将"业务拓展"定为公司的发展战略。而此次入股 B 公司，就是 A 公司推动"业务拓展"战略落地的重要里程碑。

B 公司是业内一家知名的高新技术公司，它依靠强大的研发团队和先进的电子、通信等技术，在汽车、航空航天等领域推出了多个定型产品，而且这些

产品都得到了广泛应用。同时，B公司也获得了监管部门的资质认可，拥有部分稳定的企业客户。

对于A公司而言，入股B公司能够推动公司"业务拓展"战略的落地，延伸公司业务板块。此次交易完成后，A公司将依托B公司在汽车、航空航天等市场的资源、资质等，为公司涂料产品进入新的市场布局。

在以上案例中，A公司通过入股B公司推进了自身"业务拓展"战略的落地。而在实践中，股权的确是许多公司达成合作、实现战略落地的重要筹码。在战略落地的过程中，无论是缺少资金、客户还是其他资源，都可以通过出售股权或收购其他公司股权的方式弥补自身短板，推动战略落地。

1.1.2 稳定子公司，形成强大合力

对于拥有子公司的大型公司而言，股权是其管理子公司，提高母公司控制力和子公司执行力，最终形成强大合力的重要手段。

母公司对子公司实施股权管理的意义主要表现在两个方面：一方面，在管理层级上，一些大型企业设立了诸多子公司，管理层级过多，很容易导致管理失控。而通过股权管理，母公司可以强化对子公司的管理力度，降低整个公司的运营风险。另一方面，在组织架构上，虽然不少公司建立了法人治理结构，但往往存在权责不统一、董事会和监事会隐身于经营层之后的缺陷。而通过设计合理的股权架构，公司的治理结构将得到完善，决策层、监督层、经营层得以各司其职，从而实现对子公司更好的管理。

具体而言，母公司可以通过以下方法对子公司进行股权管理，从而保障子公司稳定发展，如图1-1所示。

图1-1 母公司对子公司进行股权管理的方法

1. 完善组织架构

在组织架构方面，母公司需要重点解决子公司可能存在的董事会、监事会弱化的问题，改变董事会、监事会因人设职、随意性强的现状。首先，母公司要根据子公司规模、行业特点、股东构成等因素，制定完善的组织架构设计方案，保证董事会、监事会人员构成合理。其次，母公司要明确董事会、监事会任职人员的标准，按照既定的标准选择合适的人员。最后，母公司要完善子公司的规章制度，检查子公司是否依法运营，保证子公司治理结构真正发挥作用。

2. 设立股权代表

为加强对子公司的管理，母公司有必要在子公司设立股权代表。母公司可以授权其他人行使权力，被授权人代表母公司履行股东职责，与子公司各股东进行沟通。

3. 优化工作流程

股权管理的核心在于对工作流程的优化。在子公司召开董事会议前，母公司可以通过股权代表传达自身的意见。其具体流程为：在召开董事会议前，由股权代表将议题上报给母公司；股权管理部门登记会议议题，并将议题传达给各职能部门，再将各部门的审核意见反馈给股权代表，由股权代表在子公司董事会议上发表意见。

4. 规范运行监控

在对子公司进行股权管理时，母公司要做好以下监控：首先，母公司要从源头抓起，对子公司的审批要统一管理，避免多头审批；其次，母公司对子公司要进行股权信息化管理，建立股权管理信息库，动态了解子公司的经营管理信息；再次，母公司要明确对子公司重大事项的管理范畴，规范管理程序；最后，母公司要加强对子公司股权管理情况的监督，保证子公司规范运行。

5.加强制度建设

在完善子公司股权架构的同时，母公司也要有针对性地制定股权管理各环节的配套制度，推出完善的《股权代表工作规程》。

6.健全评价考核体系

母公司需要针对子公司建立健全、科学、合理的评价考核体系，根据董事、监事、股权代表的职责，建立相应的述职报告制度，提升董事会、监事会和股权代表工作的积极性。

通过以上方法，母公司可以确立子公司股权管理的标准，明确各方职责，规范股权管理行为，最终推动子公司持续健康发展。

1.1.3　获得融资，扩大公司规模

为了抓住发展机遇，实现更好的发展，公司在发展过程中往往需要扩大公司规模，而扩大公司规模离不开资金的支持。股权是公司获得融资、实现顺利发展的关键要素，公司可以通过增资扩股的方式吸引投资人。当投资人向公司注资，成为公司的股东后，公司也能因此获得资金，实现扩张。

从形式上来看，股权融资分为以下几种，如图1-2所示。

图 1-2　股权融资的种类

1.股权质押融资

股权质押融资指的是公司股东将其拥有的股权作为质押标的物，通过向银行或金融机构质押获得资金的融资方式。这种股权融资方式十分适合中小型

公司。大多数中小型公司缺乏有价值的实物资产，在融资方面存在劣势，而这种股权融资方式为中小型公司获得融资提供了便利。

2. 股权交易增值融资

在发展过程中，公司往往会由家族式公司逐渐发展为家族控股式公司。在这个过程中，公司可以通过溢价出让股权的方式吸引资本投入或人才加入，实现公司的扩张。

例如，某公司成立时为家族式公司，在发展到一定规模后，难以实现进一步突破。在这种情况下，企业经营者将公司资本折成若干股份，将其中一小部分让出来吸引家族之外的投资人和人才加入。而随着投资人和人才的加入，公司也由家族式公司发展为家族控股式公司。

3. 股权增资扩股融资

股权增资扩股融资是权益性融资的一种形式，是公司上市前常用的融资方式。以资金来源划分，增资扩股分为外源增资扩股和内源增资扩股两种。其中，外源增资扩股以私募方式进行，通过引入投资人获得资金；内源增资扩股即原有股东扩大投资，使得公司的资金增加。

4. 私募股权融资

私募股权融资是在公司股票公开发行的基础上，以股权转让、增资扩股等方式引入投资人的股权融资形式。在这个过程中，公司引入的投资人累计不超过 200 人。

股权是公司获得资金的重要筹码。在发展过程中，公司可以通过以上方式获得融资，扩大公司规模。

1.1.4 激励员工，提升创造性

在市场竞争日益激烈的当下，人才培养与激励成为公司必须重视的一个问题，而股权是激励员工、提升员工创造性的重要手段。公司针对员工推行股

权、期权激励制度，可以有效实现激励员工、吸引新员工加入的目的。

股权激励能够将员工的利益与公司的利益进行捆绑。和传统的"工资＋绩效"的薪酬方式相比，股权激励能够搭建起公司股东与员工之间的利益共享机制，使员工的个人利益和公司的长期利益趋于一致。股权激励能够提升员工的创造性，而员工的创造性不仅可以为公司带来丰厚的利润，也能使员工自身获得股价上涨带来的收益。因此，充分发挥股权激励的驱动作用可以推动公司的持续发展。

正是意识到了股权激励对于激发员工主动性、推动公司创新的重要意义，许多公司都推出了适合公司发展需求的股权激励方案。

2021年7月初，地理信息产品和服务供应商北京四维图新科技股份有限公司（以下简称"四维图新"）推出的《2021年限制性股票期权激励计划》被股东大会审议通过。该计划拟授予激励对象限制性股票12 000万股，约占当时公司股本总额的5.29%。其中，计划首次授予11 100万股，预留900万股。

2021年7月末，四维图新发布了《北京四维图新科技股份有限公司关于向激励对象首次授予限制性股票的公告》，更新了公司的股权激励计划。此次公告显示，首次授予的股票数量为10 900万股，比预计首次授予股票少了200万股；而预留的限制性股票总数由900万股增至1 100万股，以吸引更多行业人才加入公司。

实施此次激励计划的目的在于对公司的业务团队进行激励。作为一家科技创新公司，四维图新深知人才是公司的第一生产力，技术团队的专业水平和创新度直接影响公司的竞争力。为了保持团队的稳定性和激发团队的创造性，推出股权激励计划是十分有必要的。

除了激活公司团队外，四维图新还通过此次股权激励计划吸引行业内的顶尖人才，增加公司的人才储备，为公司在自动驾驶、高精地图、车联网等主营业务领域的发展奠定人才基础。

由以上案例可知，虽然实施股权激励计划需要公司出让部分利润，但从长远来看，股权激励计划可以激发员工创新的积极性、增强公司凝聚力，同时也能提升公司对于外部人才的吸引力，有利于公司引进更多人才。股权激励在公司长期发展过程中发挥重要作用。

1.2
股权架构设计原则

要想让股权架构发挥出应有的作用，企业就需要保证股权架构的合理性。为此，公司经营者有必要了解设计股权架构的原则，并据此设计出科学合理的股权架构。

1.2.1　思考：所有公司都需要股权架构吗

在设计股权架构方面，往往存在两种现象：一种是一些公司经营者意识到了股权架构的重要作用，想要通过股权架构设计管理公司，但由于公司规模太小，股权架构反而使公司的管理变得混乱；另一种是一些公司经营者对股权架构的认知不够，没有在创业之初设计股权架构，而在后期公司发展壮大、有了更迫切的股权管理的需求后，设计股权架构的成本也大大增加了。

以上现象反映了一个关于股权架构的关键问题：所有公司都需要股权架构吗？事实上，并不是所有公司都需要股权架构。如果创业者开了一家餐厅、一家超市或一家小型贸易公司，那么创业者就可以将公司注册成个人独资企业，不需要设计股权架构和招募股东。而如果创业者在创业之初就计划将公司发展壮大，计划在后期引入资金和人才，那么就需要尽早设计好股权架构，为公司之后的发展打下坚实的基础。

对于一个拥有长远发展目标的公司来说，不论公司处于初创期、成长期、扩张期，还是处于成熟期、上市期，股权架构都在公司的经营及成长中发挥着重要作用，因此公司需要设计股权架构。

1. 初创期

初创期公司的股权架构设计是十分重要的，如果此时公司的股权架构有问题，就会给公司之后的发展埋下隐患。同时，公司在今后再次调整股权架构时，也会付出较大的代价。因此，初创期公司需要重视股权架构设计，设计出适合公司的股权架构。在具体操作上，公司需要做好以下两个方面工作。

首先，约定好合伙人的进入、退出机制，以明确的合约条款规范合伙人的行为。合伙人入伙时要签订股东协议，在其中约定好各合伙人成为公司股东的具体要求、权利和义务等，并约定好合伙人的退出条件。

其次，确保创始人的控制权。初创期公司需要一个主心骨带领公司向前发展，而创始人就是凝聚公司力量的主心骨。为保证创始人的控制权，创始人的股权比例要尽可能的大，以确保在今后几次股权稀释后，创始人依旧拥有公司的控制权。

2. 成长期

为了实现快速成长，公司往往需要不断引入资金。而无论是最初的天使轮融资，还是之后的数轮融资，都与股权架构设计密切相关。

成长期公司进行股权架构设计的重要原则是通过释放更少的股权获得更多的资金。同时，在引入投资时，并不是按照资金与公司净资产的比例来确定投资人的股权比例的。成长期公司的劣势是净资产不多，但其优势是公司具有巨大的发展潜力。因此在与投资人进行估值谈判时，公司不妨以创始团队、知识产权等作为筹码，尽量提高公司的估值，最后用资金与公司估值的比例确定投资人的股权比例。

3. 扩张期

公司进入扩张期意味着公司的发展已经步入正轨，并且收益也逐渐稳定。这时公司就需要考虑对员工进行股权激励了。在制订股权激励计划时，公司同样需要做好股权架构设计。

其中，是对全部员工进行股权激励还是对部分员工进行股权激励、应该给每个员工分配多少份额的股权、怎样对授予股权的员工进行考核等，都是公司需要考虑的问题。一般来说，公司进行股权激励的对象主要为公司的管理人员、技术人员等。

4. 成 熟 期

对于处于成熟期的公司来说，虽然此时公司的各项业务已经处于良性循环中，但仍需要做好股权架构设计。一方面，经过多轮融资，公司的股权架构可能存在一些问题；另一方面，公司也需要为之后的人才引进预留一些股权。因此，公司需要适时对股权架构进行调整和优化。

5. 上 市 期

上市期公司同样需要进行股权架构设计，因为处于上市期的公司往往会因为业务发展或完善产业链的需要而将其他公司纳入公司的业务版图。而对于这些变动，公司需要设计新的、更适合公司的股权架构。

1.2.2　以战略思维设计股权架构

在战略管理中，公司通常会考虑怎样利用自身资源在竞争激烈的市场中创造最大的价值。这种考虑就是公司的战略思维。在设计股权架构的过程中，公司也需要充分考虑自身资源、市场竞争、客户需求等因素，以战略思维对股权架构进行整体设计。

一方面，公司需要运用战略思维对股权架构设计进行顶层思考。如果不从战略的高度来分析股权，就难以设计出能够满足公司长期发展需要的、合理的股权架构。因此，公司需要明确以下几个问题：公司的整体发展战略是什么？如果计划在未来上市，那么上市规划将怎样设计？业务结构怎样设计？公司各职能将如何完善？战略落地时应该如何分配资源并推进计划？将上述问题考虑清楚后，公司的股权架构设计就有了目标和方向，同时最终的股权架构也能够助推公司战略落地。

另一方面，公司需要突出自身区别于同类公司的优势，并将优势放大。

公司需要瞄准自身的经营领域，对市场进行细分，并做好自身区别于竞争对手的差异化定位。在此基础上，公司可以瞄准市场进行团队组建、公司扩张等工作。如果公司能够在经营过程中做到聚焦、专业，那么公司战略的落地就有了保障，在此基础上设计出的股权架构也更具有针对性，更能对公司的长远发展起到积极作用。

总之，规划好公司的战略，打造好公司的专业性，建立好公司的治理模式，都能为设计出一个适合公司的股权架构起到保障作用。同时，在此基础上设计出的股权架构也能够更好地为公司长远发展保驾护航。

1.2.3　确保股东权、责、利清晰

在设计股权架构时，确保股东的权（权利）、责（责任）、利（利益）清晰是维护公平、保证合作稳定的基石，因此企业必须将股东的权、责、利划分清晰。

同时，公司应该根据各股东所做的贡献为其分配股权。作出较大贡献的股东，可以适当地占据公司较多的股权。当然，占据股权越多的股东，享有的权利越多，承担的责任越大，获得的利益也越丰厚。这里需要注意的是，贡献通常是看不见、摸不着的，为保证公平，对股东的贡献进行合理量化十分有必要。下面借助一个案例进行说明。

曹某、麦某、李某、孙某在大学毕业后共同成立了一个科技公司，他们各自的角色如下所示。

（1）曹某（研发人员）：领域内公认的引领者，有较强的综合能力；

（2）麦某（商务人员）：为公司带来业务，为员工充实行业知识；

（3）李某（技术人员）：研发人员的得力助手；

（4）孙某（研究人员）：因为某些契机开始创业，目前不会对公司作出太大贡献。

因为他们均为第一次创业，而且缺乏相关经验，所以在设计股权架构时选择了股权均分的方式，即每人各持有25%的股权。对于曹某、麦某来说，

这样的结果其实是不公平的。比较好的股权设计方案应该是：对每个人作出的贡献进行量化，按照从 0 分到 10 分的等级打分。

对于科技公司来说，比较重要的贡献有 5 种，分别是创业观点、商业计划书、领域专业性、担当与风险、资金。不同的贡献还需要有不同的重要程度，如表 1-1 所示。

表 1-1　贡献的量化

贡　献	重要程度	曹某	麦某	李某	孙某
创业观点	7 级	10 分	3 分	3 分	0 分
商业计划书	2 级	3 分	8 分	1 分	0 分
领域专业性	5 级	6 分	4 分	6 分	4 分
担当与风险	7 级	0 分	7 分	0 分	0 分
资金	6 级	0 分	6 分	0 分	0 分

之后，将每个人各项的分数与各项贡献对应的重要程度相乘，计算出每个人 5 项的加权分数。将 5 项的加权分数相加，就得到每个人的总分数，从而可以根据每个人的总分数确定其股权比例。对股权比例的合理性进行检查，判断其是否符合逻辑，如果没有问题，便可以正式投入使用。该公司 4 位股东的贡献值如表 1-2 所示。

表 1-2　4 位股东的贡献值

贡　献	曹某	麦某	李某	孙某	合　计
创业观点	70 分	21 分	21 分	0 分	112 分
商业计划书	6 分	16 分	2 分	0 分	24 分
领域专业性	30 分	20 分	30 分	20 分	100 分
担当与风险	0 分	49 分	0 分	0 分	49 分
资金	0 分	36 分	0 分	0 分	36 分
合计	106 分	142 分	53 分	20 分	321 分
股权比例	33%	44.2%	16.5%	6.3%	100%

通过上述方法对贡献进行量化后，公司就不会存在平分股权的情况，也不会出现股东权、责、利不明晰的现象，从而能确保公司股权分配公平、合理，

使各股东明确自己的权、责、利，更好地为公司的发展贡献自己的力量。但需要注意的是，在通过以上方法明确股东的权、责、利时，公司也需要结合自身业务和发展情况对其进行优化与调整。

1.2.4　对钱定价，也对人定价

大部分公司都是按出资比例给股东分配股权，这样的分配方式没有体现贡献度的合理价值。

赵某、梁某、钱某3人合伙开公司。其中，赵某出资50万元，占股50%；梁某出资30万元，占股30%；钱某出资20万元，占股20%。

1年后，梁某提出离职，但希望保留股权，原因是公司没有规定合伙人在离职后必须退股。这样一来，梁某没有参与公司后续的任何经营，却占了30%的股权，这对参与公司后续经营的赵某和钱某来说是不公平的。

对此，最合理的解决方法是谁创造价值，谁获得利益，即既要对钱定价，也要对人定价。资金只占合伙人全部股权的一部分，而剩下的部分应该分配给作出贡献的人。

按照公司的整体估值，上述案例中资金占股的比例应该控制在30%～70%，余下的份额可以对作出贡献的人进行激励。按照这样的分配方法，即使梁某在1年后离职，也只能保留一部分股权，并不能对公司发展造成很大的影响。

1.2.5　案例分析：权责不明导致公司停摆

近年来，股东之间的股权纠纷导致公司在上升期突然停摆的案例屡见不鲜。

陈某和邹某合伙创办了一个以娱乐内容为主的微信公众平台。在最初进行公司股权分配的时候，考虑到陈某还有其他工作，可能会影响在该公司的正常工作，经过两人的约定，最终股权分配的结果是邹某占股 60%、陈某占股 40%。

碍于两人的朋友关系，双方在约定股权比例时并未明确彼此的权责。此后，在双方合作的过程中，陈某常因忙于其他工作而无暇顾及合伙公司的工作，或者请邹某帮忙做。天长日久，邹某对陈某的意见越来越大。

幸运的是，他们的微信公众平台自运营以来一直受到粉丝的一致好评。经过 1 年多时间的发展，该微信公众平台成功积累了几十万粉丝。当公司发展到一定阶段，需要进行融资时，邹某对此前约定的股权分配比例表示不满。她认为陈某的其他工作严重影响了公司的运作，坚持要以稀释陈某的股权为前提进行融资，以确保其大股东的地位。在此过程中，为了让陈某能答应她的条件，邹某甚至做出了一些十分过激的举动。最终陈某发布了一篇宣布微信公众平台暂停更新的公告，正式与邹某决裂。

邹某和陈某两位股东的做法不仅没有使各自的利益有所增加，反而给辛苦创办起来的微信公众平台带来了致命性的打击。在公司发展的关键时期，邹某和陈某本应团结一致，使公司更上一层楼，但却因股权纠纷导致平台暂停更新。对于新媒体行业来说，暂停更新就意味着粉丝的流失，意味着该微信公众平台将会逐渐淡出公众的视野。

两位股东之间之所以会发生这样的问题，正是因为彼此的权、责不明导致双方经常因为工作分工问题而争吵。而在邹某提出稀释陈某的股权进行融资时，双方的矛盾最终爆发。

如果邹某和陈某在划分股权比例之初就约定好双方的权、责，明确好两人的分工，那么当陈某难以完成自身工作时，邹某就有理由与其协商，要求变更两人的股权分配比例，使公司的股权架构与两人的具体分工趋于一致。这样也就避免了之后矛盾爆发、公司停摆的惨淡结局。

因此，在最初设计股权架构时，必须规定好各位股东的权、责、利，从而为公司后期的发展规避风险。

（1.3）

分股之道：保护股东利益

股权架构设计是一件十分严谨的事情，不仅要确保股权比例的合理性，还要针对公司现有的和发展所需要的各种资源，建立一套合理的机制，实现各股东之间的相对公平。为此，公司需要考虑从哪些方面入手可以设计出科学合理的股权架构，切实保护股东利益。

1.3.1 不懂平衡，火星撞地球

股权架构涉及创始人、创始股东等多个利益主体，合理的股权架构需要做好不同利益主体之间的平衡，否则就很容易引发矛盾，甚至影响公司的正常运营。

徐某大学毕业后和几位好朋友合伙创办了一家互联网公司。在创业初期，心怀梦想的几个人一起拼搏，没有明确公司的股权架构。徐某作为创始人，也没有提出有效的股权架构设计方案，他认为公司发展前景还不明朗，等公司发展稳定后再设计股权架构也不迟。其他创业伙伴也同意了徐某的意见，他们认为现在设计股权架构也不过是一张空头支票，现在谈论太多反而显得斤斤计较。

经过几人两年的努力，公司终于在市场中有了一席之地。公司的利润逐年提高，获得了很多投资人的青睐。年终，徐某将大家召集起来讨论公司的股权架构应如何设计，并表示之后要"论功行赏"，将一部分公司利润作为大家努力工作的奖励。

而此时几位创业伙伴的心态都发生了变化。当公司还没有获得利润或者利润较低时，大家认为股权架构只要保证基本的公平就可以，毕竟彼此之间的收益不会相差太多。而现在公司的利润逐年上涨，未来发展势头良好，股权架构深刻影响了大家今后的收益。因此在这时，这些创业伙伴开始对股权的分配斤斤计较，无论讨论出怎样的股权架构设计方案，总有人觉得利益分配不均，因而股权架构设计方案迟迟未敲定。

在这种状况下，创业团队内部的矛盾开始激化，凝聚力大幅下降，甚至影响到了公司的正常运营。

在上述案例中，徐某公司的股权架构迟迟未能明确的原因是利益分配不平衡。股权架构必须保证各股东利益分配的平衡，这样才能激发大家工作的动力。

一般而言，在创业之初就明确股权架构更能保证各股东利益分配的平衡。在明确的股权架构下，无论公司的利润如何变化，各股东获得的收益比例是固定的，因而彼此的关系也较为稳定。如果等到公司发展前景十分明朗之后再设计股权架构，那么股权分配可能无法满足所有人的预期，导致出现利益分配不平衡的问题。

因此，为了保证股权分配平衡、创业团队永葆凝聚力，创始人需要在创业之初就明确股权架构，制定创业团队共同认定的股权分配标准。只有这样，当后期公司获得良好发展时，利益分配才有标准可依，才能保证各股东利益分配的平衡。

1.3.2　确保股东始终为利益共同体

股权架构发挥作用的前提是所有股东都聚焦同一个目标，是统一的利益共同体。如果各位股东的目标不一致，由利益共同体变为利益矛盾体，那么股权架构也将分崩离析。只有各位股东始终为利益共同体，彼此的合作才会长久。

陈某、刘某、张某合伙创业，共同创立了一个连锁茶馆品牌。在创立公司之初，陈某、刘某、张某分别出资 400 万元、300 万元、300 万元，分别占股 40%、30%、30%。其中，陈某担任总经理，负责公司的全面管理；刘某、张某担任副总经理，分别负责公司的人力资源管理和供应链管理。

创业之初，大家热情都很高，都积极推动公司的发展。当公司旗下的茶

馆开到 10 家的时候，公司已经积累了约 5 000 万元的资产。这时陈某感到有些不平衡，他觉得自己的付出远远高于刘某、张某，但股权却并未比他们高出很多，于是他多次提出增加股权的要求。而另外两人不愿意重新设计股权架构，因此两方就此事僵持不下。

随后，陈某提出了一个折中的方案，那就是希望刘某、张某允许自己单独成立一家供应链管理公司，向 3 人合伙创办的公司供应原材料。而在经过多次讨论后，刘某、张某并未同意陈某的方案，而是重新以贡献比例划分股权，将更多的股权分给了陈某。

在上述案例中，为什么刘某、张某并未同意陈某的折中方案？原因就在于这个折中方案是非常不合理的。3 人合伙创业，为利益共同体。而如果陈某单独成立一家供应链管理公司，其与另外两人的关系就从利益共同体转变为利益矛盾体。在与 3 人合伙公司交易的过程中，陈某可能会做出利益输送的行为，从而影响另外两人的利益。正是考虑到了这一点，刘某、张某才拒绝了这个方案，以保证 3 人之间的核心关系不被破坏。

1.3.3　不要试图挑战人性

在股权分配的过程中，创始人一定要设计稳固的股权架构，不要试图挑战人性，否则可能会为公司之后的发展埋下隐患。

赵某、孙某、周某、吴某 4 人合伙成立了一家科研技术公司，其中赵某、孙某、周某各出资 50 万元，吴某掌握公司核心专利技术，以技术入股，4 人各占 25% 的股权。公司成立后，赵某、孙某、周某分别负责公司财务、人力资源、客户维护等方面的工作；吴某负责组建技术团队，进行产品研发。

创业之初，4 人目标一致，在公司决策方面并未产生过大的冲突，公司的发展也较为平稳。经过两年的发展，公司逐步走向正轨，拥有了较为完善的技术研发团队和业务流程，也拥有了一批较为稳定的客户，但 4 人却在公司决策方面产生了分歧。赵某认为接下来应该进行业务扩张，扩大公司规模。而专注于技术的吴某却对赵某的意见表示反对，认为公司之后应投入更多的资金进行新产品研发，以保持公司的核心竞争力。孙某和周某对赵某、吴某二人的意见一直摇摆不定。

在僵持了一段时间之后，在某一天的集体会议上，赵某突然出示了两份股权转让书。原来，孙某和周某各向赵某转让了 13% 的股权，转让完成后，赵某获得了公司 51% 的股权，而孙某和周某所持的股权变为 12%。这样一来，赵某在公司的管理事务中就拥有了更大的话语权，也能够更顺利地推进公司扩张。

这样的变动使吴某的内心受到了冲击，他本以为 4 人是志同道合的合作伙伴，但如今自己与赵某在经营理念上出现了分歧，而自己也没有与赵某抗衡的能力。由于不愿意向赵某转让自己的股权，吴某只能继续留在公司工作。

不少创业团队在最初进行股权架构设计时，都会陷入以上案例中的误区，即将股权进行均等分配。这样的分配方式十分挑战人性，很容易引发股东之间的争端。人性是复杂的，在进行股权分配时，不能只理想地认为以后不会有问题，而要从一开始就避免可能存在的风险，在设计股权架构时明确一个决策负责人。

在设计股权架构时，67% 是一个关键点，意味着对公司拥有绝对控制权。如果两人合伙创业，那么比较合理的股权分配比例是：创始人占 70% 股权，合伙人占 30% 股权；或者创始人占 80% 股权，合伙人占 20% 股权。如果 3 人及 3 人以上合伙创业，也要遵循创始人股权占比多于其他人总和的原则，以保证公司始终有一个明确的决策负责人。

1.4

分股之术：掌握分股关键点

股权分配的价值就在于通过出让股权获得公司发展所需的资金、人才等

资源，推动公司的发展。为了实现股权分配的最大价值，公司需要掌握股权分配的方法。

1.4.1 股权兑现规则：重视股权兑现

股权管理是一个长期的过程，其中可能会遭遇各种难以解决的问题。而股权兑现就是解决股权管理问题的一个关键点。

例如，4个伙伴合伙创业，在公司经营过程中，其中1个合伙人因与其他合伙人经营理念不合而要求退出。这时往往会出现两种情况：一种是因为公司章程中没有规定离职需要退股，所以该合伙人要求人走股留；另一种是该合伙人同意退股并将自己所持股份转让给其他股东，但是双方在转让价格方面难以达成一致意见。无论出现以上哪种情况，都会影响公司的正常运行。

那么，为了避免上述问题的发生，公司应该怎样做？事实上，在明确股权架构之初，公司就可以在股东退出方面设置一些规则。而股权兑现规则就能够有效解决以上问题。

股权兑现指的是通过出售股权获得现金。例如，某公司合伙人拥有公司20%的股权，在公司成立的第1年就兑现其中的20%，余下的80%分4年兑现。如果该合伙人1年后离职，那么他一共能获得8%的股权，余下的12%的股权则被其他股东以原始价格回购。这样清晰明了的规则有效避免了股东退出所引发的股权纠纷。

一般而言，股权兑现包括以下几种方式。

（1）约定兑现期限为4年，每年兑现1/4。

（2）任职满2年兑现50%；任职满3年兑现75%；任职满4年全部兑现。

（3）第1年兑现10%，第2年兑现20%，第3年兑现30%，第4年兑现40%。

（4）任职满1年即兑现1/4，余下的股权每个月兑现1/48。

这些不同的股权兑现方式虽然在操作细节上有所不同，但都能够起到激励股东、在一定程度上保持股东稳定性、避免股东的短期投机行为的作用。

此外，股权兑现在实际操作时有一些关键点：一是股权兑现的时间是有限制的，可以约定在未来 2 ～ 5 年分期兑现，在没有达到相应节点时，则不可以兑现；二是当有股东中途退出时，其剩余股权的处理方法可以由公司的其他股东协商决定。同时，可以设定兑现该股权的年限、方式等。

1.4.2　分股节奏要与公司实际情况相符

股权分配在稳定创业团队、吸引并留住人才等方面能够发挥重要作用，但其中存在一个无法避免的问题，那就是公司可以分配的股权是有限的。因此在进行股权激励时，公司要把握股权激励的节奏，将股权合理分配给员工。

以成长阶段来划分，一个公司的生命全周期包括初创期、快速成长期、稳定发展期、衰退期 4 个阶段。不同发展阶段对应着不同的股权激励节奏。

1. 初创期

公司处于初创期时，通常规模较小，资金也不太充裕。处于这一阶段的公司不适合进行大规模的股权激励。一方面，此时公司股权的价值尚未明确，员工对股权价值的心理预期可能也不会太高，难以达到理想的激励效果；另一方面，这一时期公司进行股权激励的成本比较高。

在初创期，为了稳定创业团队，公司可以向部分核心员工分配股权。

2. 快速成长期

在这一时期，公司已经度过了创立之初的艰难时光，取得了一定的业绩，甚至获得了一些外部融资。在获得外部融资后，公司的股权就有了较为清晰的市场价格，此时再向员工分配股权，员工对于股权的价值也会有更加明确的认知，股权激励的成本更加可控，效果更加明显。

公司在进行股权激励的过程中要格外注意时间点。一般而言，公司在吸引融资时，要保持股权架构的稳定，因此股权激励最好在融资完成后再进行。同时，对于即将上市的公司来说，上市标准对股权架构的稳定性也有较高的要求，因此公司需要在 IPO（首次公开募股）前将股权激励方案落地，或者等上市后再进行股权激励。

3. 稳定发展期

在稳定发展的过程中，公司需要调整股权激励的节奏。一方面，在公司人才储备相对充裕的情况下，股权激励的对象应侧重于公司中的骨干员工；另一方面，这一时期的公司需要寻找新的增长点，因此需要在组建新部门的过程中对其中的核心员工进行股权激励。

4. 衰退期

由于行业不景气、市场动荡等因素，公司可能会迎来衰退期。由于公司存在业务衰退的现象，此时实施股权激励的效果也将大打折扣，因此公司可以设立单独的子公司，以子公司的股权作为激励员工的筹码。

除了按照公司发展的阶段把握股权激励的节奏外，公司也可以根据业务增长节奏适时分配股权，股权分配的范围也可以从核心员工扩展到更广泛的员工群体。

1.4.3 必要时，可加入回购机制

随着公司的发展，股权的价格也在不断变化，股东在公司成立初期投入的资金并不是股权真正的价格。因此，公司在为股东分配股权时应该与股东约定回购机制，确定一个双方都可以接受的回购价格。在确定回购价格时，公司可采用以下 3 种方法，如图 1-3 所示。

图 1-3　确定回购价格的 3 种方法

1. 参照原来购买价格的溢价

参照原来购买价格的溢价可以确定股权的回购价格。例如，股东出资 10 万元购买 10% 的股权，如果几年之后这 10% 的股权的价格涨了两三倍，那么公司就要以比购买价格高出两三倍的价格从股东手中回购股权，也就是溢价购买。

2. 参照公司净资产

参照公司净资产同样也可以确定股权的回购价格。例如，公司发展到第 3 年或第 4 年时资产已经上亿，这时公司就不能按照原来的购买价格对股权进行回购。因为回购意味着公司买断股权，股东不会再获得任何利益。

如果公司的发展速度很快，那么股东的股权会带来更大的收益。为实现公平合理地回购股权，重资产公司必须进行更全面的考虑。而参照公司净资产确定股权的回购价格是一个非常不错的方法，即根据公司最近经审计的净资产值确定股权回购价格。

3. 参照公司最近一轮融资估值的折扣价

参照公司最近一轮融资估值的一定折扣价也是确定回购价格的一种方式。因为融资估值是对公司未来价值的估算，无论估值是 5 000 万元还是 1 亿元，都是股东认为公司未来可能会达到的价值。但这个估值是动态的，并不能代表股东退出时公司的净资产价格。

如果公司完全按照融资估值的价格回购股权，那么会增加公司的现金流压力，不利于公司未来的发展，因此公司可以参照最近一轮融资估值的一定折扣价回购股权。

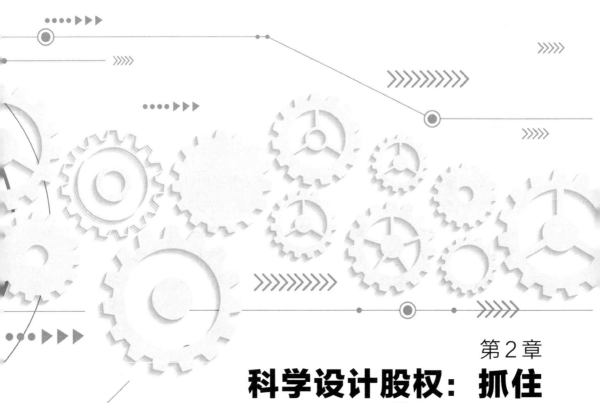

第2章

科学设计股权：抓住
股权生命线

无论是合伙创业还是进行融资，股权比例都是股东十分关注的一个问题。股权不仅和股东未来可以获得的收益息息相关，也和股东在公司中的话语权密切相关，因此不同股权比例的法律权利临界线也被称为股权生命线。

有限责任公司、非上市股份有限公司、上市公司拥有不同的股权生命线。不同的股权比例所代表的权利以及对公司的影响也各不相同，股东有必要了解这些不同的股权生命线所代表的意义。

2.1
有限责任公司的股权生命线

在有限责任公司中，股东以出资额承担有限责任。有限责任公司中的股权生命线主要有 5 条：67% 股权可以实现对公司的绝对控制；51% 股权可以实现对公司的相对控制；34% 股权可以实现重大事项一票否决，防止大股东权利滥用；20% 股权可以对公司决策产生重大影响；10% 股权可以申请公司解散。

2.1.1 67%：控制权最完整

一般而言，在有限责任公司中，持股 51% 以上的股东为公司第一大股东。但第一大股东未必能够完全控制公司，如果公司后期进行增资扩股，那么大股东的股权会逐渐被稀释，甚至会失去控制权。

那么，拥有多少股权才能绝对控制公司呢？

《中华人民共和国公司法》（以下简称《公司法》）第四十三条规定："股东会的议事方式和表决程序，除本法有规定的外，由公司章程规定。股东会会议作出修改公司章程、增加或者减少注册资本的决议，以及公司合并、分立、解散或者变更公司形式的决议，必须经代表三分之二以上表决权的股东通过。"

《公司法》第一百八十条第（一）项规定："（一）公司章程规定的营业期限届满或者公司章程规定的其他解散事由出现。"同时第一百八十一条规定："公司有本法第一百八十条第（一）项情形的，可以通过修改公司章程而存续。依照前款规定修改公司章程，有限责任公司须经持有三分之二以上表决权的股

东通过，股份有限公司须经出席股东大会会议的股东所持表决权的三分之二以上通过。"

一般情况下，股东股权的多少与其表决权的多少是对应的，股东拥有一份股权，就拥有一份表决权。2/3 的表决权对应 2/3 的股权，约为 66.67%。这意味着，只要公司章程没有特殊规定，大股东持股 67% 就可以获得超过 2/3 的表决权，从而获得最完整的控制权。在这种情况下，对于修改公司章程，变动公司注册资本，合并、分立、解散公司等重大决策，大股东可以自由行使表决权，从而实现对公司的控制。

此外，67% 的绝对控制权与表决权密切相关。根据《公司法》的相关规定，股东按出资比例行使表决权，即拥有多少股权就拥有多少表决权，但公司章程另有规定的除外。而公司章程可以规定不按出资比例行使表决权，因此股东拥有 67% 的绝对控制权的前提是公司章程没有对表决权进行额外规定。

2.1.2　51%：可实现相对控股

《公司法》第一百零三条第二款规定："股东大会作出决议，必须经出席会议的股东所持表决权过半数通过。但是，股东大会作出修改公司章程、增加或者减少注册资本的决议，以及公司合并、分立、解散或者变更公司形式的决议，必须经出席会议的股东所持表决权的三分之二以上通过。"

股东持股达到或超过 51% 就拥有了超半数的表决权，也就拥有了对公司的相对控制权。在公司章程中没有特殊规定、股东按照出资比例行使表决权的情况下，股东可以主导一些事情的决策，包括以下内容：

（1）对公司的经营原则和投资方案进行决策；

（2）选举、更换董事、监事，并决定董事、监事的报酬；

（3）审查、批准董事会的报告；

（4）审查、批准监事会及监事的报告；

（5）审查、批准公司的年度财务预算计划及最终结算计划；

（6）审核利润分配；

（7）批准发行债券的有关规定；

（8）对公司的合并、分立、解散、清算、变更作出决议；

（9）公司章程规定的其他职权。

同时，依据《公司法》第一百零三条的规定，即使股东持有超过 51% 的股权，但若未超过 2/3 股权，也无法独立决策增减注册资本、修改公司章程，以及公司合并、解散等重大事项。

2.1.3　34%：谨防大股东权利滥用

在公司章程中没有额外规定、股东按照出资比例行使表决权的情况下，大股东拥有 67% 的股权就可以实现对公司的完全控制。这对公司运营来说有利有弊：一方面，大股东拥有绝对控制权可以减少不同股东之间对于某一议题的纷争，快速推进公司的改革方案、融资方案等；另一方面，如果大股东决策失误，那么公司也将因此遭受损失。

为避免大股东决策过于激进或极端、滥用权利，公司需要对大股东的权利进行限制。而一旦其他股东拥有 34% 的股权，意味着大股东最多拥有 66% 的股权，这时大股东无法拥有《公司法》规定的 2/3 的表决权，而持有 34% 股权的股东也就变相拥有了重大事项一票否决权，可以有效地限制大股东的不当行为。

王某在大学毕业后创办了一家科技公司。经过多年的发展，公司的市场规模不断扩大，也需要更多的资金来维持运营。为了获得更好的发展，王某与业内巨头 A 公司达成合作，获得了该公司的战略投资。

A 公司希望通过投资王某的公司拓展自身的业务，推动公司的发展。合作达成后，A 公司向王某的公司投资了 6 000 万元，获得了 40% 的股份。而有了充足的资金之后，王某公司的发展也有了很大突破，发展势头强劲。

但此次融资之后，王某所持有的股份被稀释到 34%，王某对公司的控制权在一定程度上也被削弱了。而在公司发展势头越来越好之后，A 公司也不再想只做该公司的投资人，而是想将王某的公司吞并。

在随后的一次股东大会上，A 公司提出了合并公司的建议，王某自然不

同意。令王某意外的是，王某公司的其他小股东对 A 公司提出的合并公司的提议表示赞同。在这一危急时刻，王某果断投了反对票。最终，因为同意合并的表决权未超过 2/3，合并提议最终没有通过。

在上述案例中，王某正是因为拥有 34% 的股权，才没有让 A 公司的合并提议获得超过 2/3 的同意票。由此可见，持股 34% 的股东可以对公司的决议产生重大影响。因此，股东需要对 34% 这条股权生命线给予足够的重视，谨防大股东捣乱，在必要时充分发挥 34% 股权的作用，维持公司的良好运营与发展。

2.1.4　20%：对公司有重大影响

当股东持股比例达到 20% 时，股东的决策通常会对公司经营产生重大影响。

《企业会计准则第 2 号——长期股权投资》第二条第三款对此进行了相关说明："重大影响，是指投资方对被投资单位的财务和经营政策有参与决策的权力，但并不能够控制或者与其他方一起共同控制这些政策的制定。在确定能否对被投资单位施加重大影响时，应当考虑投资方和其他方持有的被投资单位当期可转换公司债券、当期可执行认股权证等潜在表决权因素。投资方能够对被投资单位施加重大影响的，被投资单位为其联营企业。"

而一旦投资方对被投资公司有重大影响，则需要以权益法对此投资进行会计核算。

权益法是对投资收益进行处理的一种方法，与之相对应的是成本法。权益法可以理解为责权发生制，只要被投资公司有了年终利润，投资方就能以享有的股权比例确认收益，调整股权投资的账面价值。成本法可以理解为收付实现制，投资方在被投资公司分红的时候才确认收益。同时，在投资额度不变的情况下，股权投资的账面价值一般不会调整。与成本法相比，在权益法这种核算方法下，被投资公司每年的盈亏情况都会对投资方合并报表中的利润产生影响。

例如，A 公司以 6 000 万元参股 B 公司，并占 B 公司增资后总股本的 21%。此时 A 公司的投资将对 B 公司有重大影响，并通过权益法进行会计核算。同时，B 公司每年的盈亏情况都会对 A 公司的利润产生影响。而如果 A 公司持有 B 公司的股份未超过 20%，那么就可以以成本法核算此次投资。除了 B 公司分红、A 公司转让 B 公司股份等情况外，此次投资不会影响 A 公司的利润。

2.1.5　10%：可申请公司解散

公司的实际管理依靠股东会、董事会等执行机关的有效运作。所以当股东会、董事会出现矛盾时，就可能导致公司运营出现严重困难。为维护股东的正当权益，《公司法》的相关规定赋予了股东自救的方法：单独或合计持有公司 10% 以上股权的股东，可以向法院申请解散公司，防止公司损失进一步扩大，损害股东的权益。但需要注意的是，这一权利的前提是股权与表决权一一对应，即持有公司 10% 以上表决权的股东或者合计持有公司 10% 以上表决权的多位股东才可以提起解散公司的诉讼。

《公司法》第一百八十二条规定："公司经营管理发生严重困难，继续存续会使股东利益受到重大损失，通过其他途径不能解决的，持有公司全部股东表决权百分之十以上的股东，可以请求人民法院解散公司。"

根据以上法律条文，当公司经营管理发生严重困难，继续存续会使股东利益受到重大损失时，股东才可以提起解散公司的诉讼。那么，公司经营管理发生严重困难、股东利益受到重大损失应该怎样界定呢？

《最高人民法院关于适用〈中华人民共和国公司法〉若干问题的规定（二）》第一条对此进行了说明："单独或者合计持有公司全部股东表决权百分之十以上的股东，以下列事由之一提起解散公司诉讼，并符合公司法第一百八十二条规定的，人民法院应予受理：（一）公司持续两年以上无法召开股东会或者股东大会，公司经营管理发生严重困难的；（二）股东表决时无法达到法定或者公司章程规定的比例，持续两年以上不能做出有效的股东会或者股东大会决议，公司经营管理发生严重困难的；（三）公司董事长期冲突，且无法通过股东会或者股东大会解决，公司经营管理发生严重困难的；（四）经营管理发生其他严重困难，公司继续存续会使股东利益受到重大损失的情形。"

对于有限责任公司的股东而言，10% 的股权是一条重要的资产保护线，

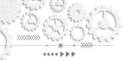
在必要时可为股东维权提供法律依据与支持。如果股东忽视了这条生命线，则有可能遭受重大损失。

　　周某、王某、杨某合伙创办了一家餐饮公司，以出资比例划分，3人持股比例分别为51%、40%、9%。创立之初，公司发展势头良好，获得了不错的收益。然而在之后的经营过程中，周某、王某就公司经营问题产生了矛盾，双方僵持不下。而此时，周某以自己的股权优势擅自变更了公司的经营方针。没过多久，公司陷入发展困境，入不敷出。对于公司日渐颓败的情况，杨某看在眼里、急在心里，却无可奈何。

　　在上述案例中，杨某就忽略了10%股权的重要性。公司以出资划分股权比例，一份股权就代表一份表决权。在这种情况下，杨某只要拥有10%的股权，就可以在必要的时候及时向人民法院提起解散公司诉讼。然而杨某仅持有9%的股权，不具备申请公司解散的资格，无故遭受了巨大的损失。

　　因此，对于参与公司实际经营的股东而言，持股比例最好要达到10%，以便在公司经营不善、治理混乱时，及时提起解散公司诉讼，保护自身合法权益。

2.2

非上市股份有限公司的股权生命线

　　非上市股份有限公司指的是没有上市、股票不在证券交易所交易的股份有限公司，包括定向募集公司、发起设立公司、股份合作制公司等。与有限责任公司相比，非上市股份有限公司有不同的股权生命线，所代表的意义也各不相同。

2.2.1　10%：申请公司解散/召集临时股东大会

根据《公司法》的相关规定，拥有 10% 股权的股东有权申请解散公司，而有限责任公司和非上市股份有限公司的股东在这一方面所拥有的权利是相同的。除了可以申请解散公司外，持有非上市股份有限公司 10% 以上股份的股东还可以召集临时股东大会，以决定临时出现的、需要股东进行表决的重大事项。

《公司法》第一百条规定："股东大会应当每年召开一次年会。有下列情形之一的，应当在两个月内召开临时股东大会：（一）董事人数不足本法规定人数或者公司章程所定人数的三分之二时；（二）公司未弥补的亏损达实收股本总额三分之一时；（三）单独或者合计持有公司百分之十以上股份的股东请求时；（四）董事会认为必要时；（五）监事会提议召开时；（六）公司章程规定的其他情形。"

这意味着，持股 10% 以上的股东可以提议召开临时股东大会。

同时，《公司法》第一百零一条规定："股东大会会议由董事会召集，董事长主持；董事长不能履行职务或者不履行职务的，由副董事长主持；副董事长不能履行职务或者不履行职务的，由半数以上董事共同推举一名董事主持。董事会不能履行或者不履行召集股东大会会议职责的，监事会应当及时召集和主持；监事会不召集和主持的，连续九十日以上单独或者合计持有公司百分之十以上股份的股东可以自行召集和主持。"

这表明，除了董事会和监事会外，单独或者合计持有公司 10% 股份的股东也可以召集并主持股东大会，但存在一个连续持股 90 天的限定条件。这在保证了小股东的权利的同时又维护了长期股东的利益，防止小股东滥用自己的权利。

2.2.2　3%：可获得提案资格

《公司法》第一百零二条第二款规定："单独或者合计持有公司百分之三以上股份的股东，可以在股东大会召开十日前提出临时提案并书面提交董事

会；董事会应当在收到提案后二日内通知其他股东，并将该临时提案提交股东大会审议。临时提案的内容应当属于股东大会职权范围，并有明确议题和具体决议事项。"

因此，单独或者合计持有公司 3% 以上股权的股东具备提出临时提案的资格。这条股权生命线既可以保证小股东有机会提出提案，也能够确保其他股东有充分的时间审议和表决提案。

一般而言，在收到股东的临时提案后，公司需要发布公告公布临时提案的相关内容，主要包括以下几个方面。

（1）此次增加临时提案的基本情况：股东大会的召开日期、通知日期、股东提交临时提案的日期等。

（2）提案的合规性：表明提案人拥有超过公司 3% 以上的股份，具备提出临时提案的资格，同时提出提案的时间也符合《公司法》的要求。

（3）临时提案的内容：公布临时提案的具体内容，如股利派发、公司注册地址变更、为子公司提供担保等。

（4）备查文件：股东提交的《关于提请增加公司 ×× 年年度股东大会临时提案的函》。

此外，增加提案之后，公司董事会、监事会、独立董事等都要审议提案是否符合有关法律、法规及公司章程的规定，风险是否在可控范围内，是否会对公司发展产生不利影响等，并最终表明意见。

2.2.3　1%：股东可提起代表诉讼

为了避免大股东操纵董事会、损害公司以及中小股东的利益，《公司法》赋予了小股东提起代表诉讼的权利。

《公司法》第一百四十九条规定："董事、监事、高级管理人员执行公司职务时违反法律、行政法规或者公司章程的规定，给公司造成损失的，应当承担赔偿责任。"

第一百五十一条规定："董事、高级管理人员有本法第一百四十九条规定的情形的，有限责任公司的股东、股份有限公司连续一百八十日以上单独或者合计持有公司百分之一以上股份的股东，可以书面请求监事会或者不设监事会的有限责任公司的监事向人民法院提起诉讼；监事有本法第一百四十九条规定的情形的，前述股东可以书面请求董事会或者不设董事会的有限责任公司的执行董事向人民法院提起诉讼。"

以上法律条文规定了单独或合计持有公司 1% 股权的股东拥有代表诉讼权，同时也限定了连续持股超过 180 天的条件。在满足法律要求的基础上，小股东可以通过代表诉讼权维护自己的利益。例如，当公司大股东非法转让公司股份、侵吞公司财产时，小股东可以将其告上法庭并要求赔偿。

代表诉讼权是《公司法》赋予股东的权利，同时，与代表诉讼对应的，股东也拥有直接诉讼的权利。《公司法》第一百五十二条规定："董事、高级管理人员违反法律、行政法规或者公司章程的规定，损害股东利益的，股东可以向人民法院提起诉讼。"

那么，股东代表诉讼和股东直接诉讼有哪些不同呢？

1. 产生原因不同

股东代表诉讼指的是当公司利益受到侵害，同时公司没有追究侵害人的法律责任时，对侵害人提起诉讼。股东直接诉讼指的是当股东的利益遭受侵害时，可以依法向人民法院提起诉讼并请求赔偿。这是法律赋予股东个人的权利。

2. 诉讼目的不同

在股东代表诉讼中，公司和股东都是遭受利益侵害的受害者。其中，公司是直接受害者，股东是间接受害者。股东提起诉讼的目的是在保护公司利益的基础上保护个人利益。而在股东直接诉讼中，股东是遭受利益侵害的直接受害者，诉讼的目的是保护个人利益，而非公司利益。

3. 诉讼被告不同

股东直接诉讼的被告只能是控股股东、董事、经理等公司内部管理人员，而股东代表诉讼的适用范围更加广泛，除了以上公司内部管理人员外，还可以是侵害公司利益的其他主体，以最大限度地维护公司和原告股东的利益。

2.3

上市公司的股权生命线

不同于有限责任公司和非上市股份有限公司，上市公司的股权生命线存在更多的临界点，同时也代表着不同的意义。

2.3.1　30%：触发要约收购

要约收购包括自愿要约和强制要约两种类型，指的是一方公司向另一方公司发起收购要约，待对方公司确认后方可实行的收购。自愿要约即收购人自愿向被收购方股东发出收购要约。在这种情况下，收购人可以向全部股东发出收购其所持全部股份的要约（全面要约），也可以向全部股东发出收购其部分股份的要约（部分要约）。强制要约即收购人持股比例超过30%，为保证被收购方股东的利益而依法强制性向股东发起收购要约。

因此，30%的持股比例被称为上市公司要约收购线。《上市公司收购管理办法》第二十四条规定："通过证券交易所的证券交易，收购人持有一个上市公司的股份达到该公司已发行股份的30%时，继续增持股份的，应当采取要约方式进行，发出全面要约或者部分要约。"

以上法律条文规定了要约收购的条件，即持股超过30%。其中，如果持股人持股达到30%而不继续增持，则不会触发强制要约收购义务，如果继续增持，则需要以要约方式进行。

在进行要约收购时，收购人需要注意以下要点。

1. 要约收购的价格

价格条款是要约收购的核心内容。在明确价格条款时，收购人应遵循相关法律规定。《上市公司收购管理办法》第三十五条规定："收购人按照本办法规定进行要约收购的，对同一种类股票的要约价格，不得低于要约收购提示性公告日前 6 个月内收购人取得该种股票所支付的最高价格。要约价格低于提示性公告日前 30 个交易日该种股票的每日加权平均价格的算术平均值的，收购人聘请的财务顾问应当就该种股票前 6 个月的交易情况进行分析，说明是否存在股价被操纵、收购人是否有未披露的一致行动人、收购人前 6 个月取得公司股份是否存在其他支付安排、要约价格的合理性等。"

2. 要约收购的支付方式

《上市公司收购管理办法》第三十六条规定："收购人可以采用现金、证券、现金与证券相结合等合法方式支付收购上市公司的价款。收购人聘请的财务顾问应当说明收购人具备要约收购的能力。以现金支付收购价款的，应当在作出要约收购提示性公告的同时，将不少于收购价款总额的 20% 作为履约保证金存入证券登记结算机构指定的银行。收购人以证券支付收购价款的，应当提供该证券的发行人最近 3 年经审计的财务会计报告、证券估值报告，并配合被收购公司聘请的独立财务顾问的尽职调查工作。收购人以在证券交易所上市交易的证券支付收购价款的，应当在作出要约收购提示性公告的同时，将用于支付的全部证券交由证券登记结算机构保管，但上市公司发行新股的除外；收购人以在证券交易所上市的债券支付收购价款的，该债券的可上市交易时间应当不少于一个月；收购人以未在证券交易所上市交易的证券支付收购价款的，必须同时提供现金方式供被收购公司的股东选择，并详细披露相关证券的保管、送达被收购公司股东的方式和程序安排。"

根据以上法律条文，收购人可以通过现金、证券、现金与证券结合等方式支付收购上市公司的价款。同时，《上市公司收购管理办法》第二十七条特别规定："收购人为终止上市公司的上市地位而发出全面要约的，或者向中国证监会提出申请但未取得豁免而发出全面要约的，应当以现金支付收购价款；以依法可以转让的证券（以下简称证券）支付收购价款的，应当同时提供现金方式供被收购公司股东选择。"

3. 要约收购的期限

《上市公司收购管理办法》对要约收购的期限也进行了规定，第三十七

条第一款规定："收购要约约定的收购期限不得少于 30 日，并不得超过 60 日；但是出现竞争要约的除外。"

4. 要约收购的变更和撤销

在要约程序方面，发出收购要约前，收购人需要向国务院证券监督管理机构报送上市公司收购报告书。要约一经发出便会产生约束力，不可随意撤销。《中华人民共和国证券法》（以下简称《证券法》）第六十八条规定："在收购要约确定的承诺期限内，收购人不得撤销其收购要约。收购人需要变更收购要约的，应当及时公告，载明具体变更事项，且不得存在下列情形：（一）降低收购价格；（二）减少预定收购股份数额；（三）缩短收购期限；（四）国务院证券监督管理机构规定的其他情形。"

根据以上法律条文，如果收购人需要变更收购要约，需要向国务院证券监督管理机构和证券交易所提出报告，经批准后再进行公告。

2.3.2 25%：可公开发行公众股

公众股也称为个人股，指的是社会个人或股份有限公司职工以个人财产投入公司形成的股份，其包括公司职工股和社会公众股两种。公司职工股即股份有限公司职工在公司公开发行股票时按发行价格认购的股份，社会公众股即公司向社会公众募集的股份。在社会募集方式下，公司应该向社会公众公开发行一定比例的股份。

《上海证券交易所上市规则》对首次公开发行股票后申请在交易所上市作出了规定："公开发行的股份达到公司股份总数的 25% 以上；公司股本总额超过人民币 4 亿元的，公开发行股份的比例达到 10% 以上。"因此，对于公司总股本不超过 4 亿元的上市公司而言，25% 就是其首发公众股的比例。

对于上市公司而言，如果公众持股低于 25%，那么将会引发暂停上市的风险。如果公司在上海证券交易所上市，但公司社会公众持股低于总股本的 25% 且连续 20 个交易日，那么上海证券交易所将暂停其股票上市交易；12 个月内仍不达标的，上海证券交易所将终止其股票上市交易。被暂停上市的公司将被给予退市警示，公司需要在被终止上市之前提出改正计划，并在报上海证券交易所同意后恢复上市交易。

此外，社会公众不包括持有该公司 10% 以上股份的股东、公司的一致行动人以及公司的董事、监事、高级管理人员等。

2.3.3　20%：权益变动/科创板激励

对于上市公司而言，20% 是一条包含多重意义的股权生命线。

《上市公司收购管理办法》第十七条规定："投资人及其一致行动人拥有权益的股份达到或者超过一个上市公司已发行股份的 20% 但未超过 30% 的，应当编制详式权益变动报告书。"因此，20% 是一条详式权益变动公告线。

详式权益变动报告书与简式权益变动报告书相对应。《上市公司收购管理办法》第十六条规定："投资者及其一致行动人不是上市公司的第一大股东或者实际控制人，其拥有权益的股份达到或者超过该公司已发行股份的 5%，但未达到 20% 的，应当编制包括下列内容的简式权益变动报告书：（一）投资者及其一致行动人的姓名、住所；投资者及其一致行动人为法人的，其名称、注册地及法定代表人；（二）持股目的，是否有意在未来 12 个月内继续增加其在上市公司中拥有的权益；（三）上市公司的名称、股票的种类、数量、比例；（四）在上市公司中拥有权益的股份达到或者超过上市公司已发行股份的 5% 或者拥有权益的股份增减变化达到 5% 的时间及方式；（五）权益变动事实发生之日前 6 个月内通过证券交易所的证券交易买卖该公司股票的简要情况；（六）中国证监会、证券交易所要求披露的其他内容。"

根据《上市公司收购管理办法》第十七条的规定，详式权益变动报告书除了需要披露以上内容外，还需要公布更多信息："（一）投资者及其一致行动人的控股股东、实际控制人及其股权控制关系结构图；（二）取得相关股份的价格、所需资金额、资金来源，或者其他支付安排；（三）投资者、一致行动人及其控股股东、实际控制人所从事的业务与上市公司的业务是否存在同业竞争或者潜在的同业竞争，是否存在持续关联交易；存在同业竞争或者持续关联交易的，是否已做出相应的安排，确保投资者、一致行动人及其关联方与上市公

司之间避免同业竞争以及保持上市公司的独立性；（四）未来 12 个月内对上市公司资产、业务、人员、组织结构、公司章程等进行调整的后续计划；（五）前24 个月内投资者及其一致行动人与上市公司之间的重大交易；（六）不存在本办法第六条规定的情形；（七）能够按照本办法第五十条的规定提供相关文件。"

此外，20% 还是科创板上市公司股权激励的上限。《科创板上市公司持续监管办法（试行）》第二十五条规定："科创公司全部在有效期内的股权激励计划所涉及的标的股票总数，累计不得超过公司总股本的 20%。"

科创板以硬科技为定位，聚集以半导体、信息技术为代表的众多高科技行业，对核心技术人员的依赖性较高。由于这一独特性，科创板提高了股权激励的上限。相比于 A 股上市公司股权激励不得超过公司股本总额 10% 的规定，科创板将这一比例提到了 20%。这一规定体现出更多包容性，能够满足更多公司股权激励的需求。

2.3.4　10%：股份回购/子公司关联方认定

股份回购指的是公司按照一定程序购回之前发行的股份。股份回购的形式有两种：一种是公司通过分配公司现金或公积金的方式换取股东持有的股票；另一种是公司通过发售债券，用募得的款项回购股东的股票。

《公司法》第一百四十二条规定："公司不得收购本公司股份。但是，有下列情形之一的除外：（一）减少公司注册资本；（二）与持有本公司股份的其他公司合并；（三）将股份用于员工持股计划或者股权激励；（四）股东因对股东大会作出的公司合并、分立决议持异议，要求公司收购其股份；（五）将股份用于转换上市公司发行的可转换为股票的公司债券；（六）上市公司为维护公司价值及股东权益所必需。"

该法律条款同时规定："属于第（三）项、第（五）项、第（六）项情形的，公司合计持有的本公司股份数不得超过本公司已发行股份总额的百分之十，并应当在三年内转让或者注销。"由此可知，公司回购股份的上限为已发行股份总额的 10%。

10% 除了是公司股份回购的上限外，还是子公司关联方认定线。《上海证券交易所上市公司关联交易实施指引》第八条对上市公司的关联法人进行了规定，其中包括：“本所根据实质重于形式原则认定的其他与上市公司有特殊关系，可能导致上市公司利益对其倾斜的法人或其他组织，包括持有对上市公司具有重要影响的控股子公司 10% 以上股份的法人或其他组织等。”

而一旦两个公司被认定为关联方，那么其进行的资产转让、产品销售、提供担保等诸多行为都会变成关联交易，进而需要根据相关规定进行交易信息披露。

《上海证券交易所上市公司关联交易实施指引》第十九条规定：“上市公司与关联法人拟发生的交易金额在 300 万元以上，且占公司最近一期经审计净资产绝对值 0.5% 以上的关联交易（上市公司提供担保除外），应当及时披露。”这意味着，公司需要发布公告，披露交易内容。

同时，第三十五条规定：“上市公司披露关联交易应当向本所提交下列文件：（一）公告文稿；（二）与交易有关的协议或者意向书；董事会决议、决议公告文稿；交易涉及的有权机关的批文（如适用）；证券服务机构出具的专业报告（如适用）；（三）独立董事事前认可该交易的书面文件；（四）独立董事的意见；（五）审计委员会（或关联交易控制委员会）的意见（如适用）；（六）本所要求的其他文件。”

由此可以看出，被认定为关联方后，公司之间的交易流程将增加一个信息披露的环节，这将影响公司间合作的进度。因此，对于 10% 这条股权生命线，公司需要慎重考虑。

2.3.5　5%：判断重要股东

对于上市公司而言，5% 这条股权生命线可以判定公司的重要股东。《深圳证券交易所上市公司规范运作指引》2.2.7 条对此作出了相关规定：“中小投资者是指除公司董事、监事、高级管理人员以及单独或者合计持有公司 5% 以上股份的股东以外的其他股东。”因此，对于上市公司而言，持股 5% 是区分大股东与中小股东的分界线，持股 5% 以上的股东为大股东，持股不足 5%

的股东为中小股东。

那么，持股 5% 意味着什么？

1. 应进行信息披露并遵守交易规则

股东持有上市公司股份达到 5% 时需要进行披露，在规定期限内不得交易，同时，以后每增减 5% 也需要披露并存在交易时间限制。《证券法》第六十三条规定："通过证券交易所的证券交易，投资者持有或者通过协议、其他安排与他人共同持有一个上市公司已发行的有表决权股份达到百分之五时，应当在该事实发生之日起三日内，向国务院证券监督管理机构、证券交易所作出书面报告，通知该上市公司，并予公告，在上述期限内不得再行买卖该上市公司的股票，但国务院证券监督管理机构规定的情形除外。投资者持有或者通过协议、其他安排与他人共同持有一个上市公司已发行的有表决权股份达到百分之五后，其所持该上市公司已发行的有表决权股份比例每增加或者减少百分之五，应当依照前款规定进行报告和公告，在该事实发生之日起至公告后三日内，不得再行买卖该上市公司的股票，但国务院证券监督管理机构规定的情形除外。"

2. 内幕信息知情人范围

持股 5% 以上的股东为证券交易内幕信息知情人。《证券法》划定了证券交易内幕信息的知情人范围，其中包括持有公司 5% 以上股份的股东及其董事、监事、高级管理人员，公司的实际控制人及其董事、监事、高级管理人员。

3. 确定关联人的重要标准

《上海证券交易所股票上市规则》对上市公司的关联法人作出了规定，其中包括持有上市公司 5% 以上股份的法人（或者其他组织）及其一致行动人。同时也对上市公司的关联自然人作出了规定，其中包括直接或者间接持有上市公司 5% 以上股份的自然人。依据交易所的上市规则，持股 5% 以上的股东为上市公司关联人，需要遵守关联交易的监管规则。

2.3.6　2%：股东可减持的股权

大股东卖出股票为减持。一般情况下，减持对股票有一定的利空影响，可能会导致股价下跌。为维护股票市场的稳定，交易所对股东减持股份的行为作出了规定：股东可减持的股权上限一般为 2%。

《上海证券交易所上市公司股东及董事、监事、高级管理人员减持股份实施细则》（以下简称《减持细则》）第五条规定："大股东减持或者特定股东减持，采取大宗交易方式的，在任意连续 90 日内，减持股份的总数不得超过公司股份总数的 2%。"

同时，《上海证券交易所科创板股票上市规则》2.4.3 条对股票减持也作出了相关规定："公司上市时未盈利的，在公司实现盈利前，控股股东、实际控制人自公司股票上市之日起 3 个完整会计年度内，不得减持首发前股份；自公司股票上市之日起第 4 个会计年度和第 5 个会计年度内，每年减持的首发前股份不得超过公司股份总数的 2%，并应当符合《减持细则》关于减持股份的相关规定。"

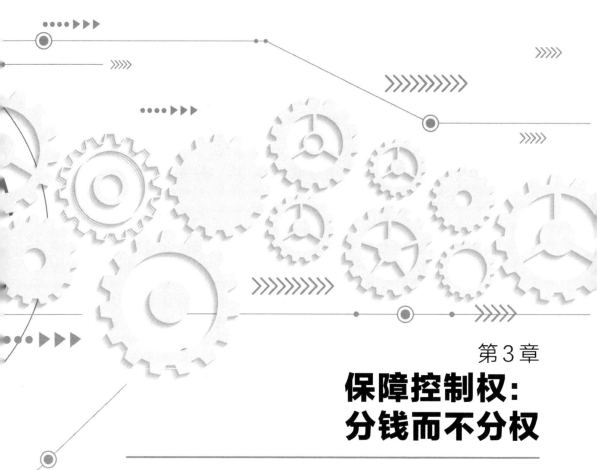

第3章

保障控制权：
分钱而不分权

公司的发展离不开投资人的大量投资，而这也会带来新的股权问题。股权主要包括两种权利：收益权和控制权。外来投资人通过投资得到公司的股权，公司创始人的控制权会随着股权的分散而被稀释，因此现代公司中大多实行分钱不分权的"两权分离"制度。外来投资人通常拥有所持股权的股息红利分红权、股权优先受让权等和控制权无关的权利。而公司创始人虽然在分红权等涉及钱的方面没有优势，但是可以牢牢掌握公司的实际控制权。

3.1
重视公司章程很有必要

公司章程是各个公司依据《公司法》制定的符合公司实际情况的基本文件，其内容包括公司名称、经营场所、业务范围等。公司章程是公司成立的基础，是公司内部运作和组织管理的基本准则。公司所有股东都应当依据公司章程的规定，依法行使股东权利，不得侵害其他股东的利益。

3.1.1 如何通过公司章程把握控制权

一份合格的公司章程应该具备 4 个特点：法定性、自治性、合理性和公开性。

法定性是指公司章程依据《公司法》制定，其内容应当符合我国法律的相关规定，其效力受到我国法律的严格保护，一份合法的公司章程从登记到修改都应该依照法律规定进行。自治性是指公司章程实际上是公司内部自我治理的准则。合理性是指公司章程是公司所有股东一致意思的表示，符合公司的实际情况。公开性指的是公司章程应当面向所有股东公开，上市公司更要向公众披露其内容。

公司章程对公司全体股东都具有强制约束性，因此，创始人能够通过对公司章程进行合理设计把握控制权。

1. 股东表决权

根据《公司法》的相关规定，股东应当按照出资比例对公司事项行使相

应的表决权,但是公司章程另有规定的除外。这也就意味着即使《公司法》规定了同股同权,但是公司章程也可以规定公司内部同股不同权。所以在公司设立或增资扩股时,公司创始人应根据公司的实际情况合理地设计公司章程,避免控制权随着股权的稀释而稀释。

2.股东分红权

同设计表决权类似,对股东分红权进行设计也是为了平衡各股东的利益,使创始人能够牢牢把握公司控制权。但是在设计分红权时,公司创始人一定要征得全体股东同意。

3.股东优先认缴权

公司增加注册资本时,股东应按照实缴出资比例优先认缴新增资本。但若公司章程作出明文规定,如允许创始人优先认缴,则应按照公司章程进行。但这一规定同样需要经过全体股东同意。

4.股权转让、分割及继承

公司章程还应对一些特殊情况下的股权转让、分割及继承作出明确的规定。《公司法》对有限责任公司的股权转让、分割和继承都作出了明文规定,但是公司章程另有规定的除外。这样可以避免小股东联合起来通过股权转让夺取创始人的控制权。此外,在对夫妻共有股权分割时,执法机关会优先依据公司章程处理,防止有人通过不法手段夺取公司控制权。如果公司章程明确规定股东死亡后,其股权由他人继承,那么继承股权者应向原本继承人支付股权转让费用。

5.公司解散

虽然相关法律明确规定了股东起诉解散公司的4种情形,但是在现实生活中,在公司尚未出现这4种情形时,拥有较少表决权的股东想要尽快退出公司却无法进行股权转让。为避免此类问题发生,公司章程可以规定具体的公司解散缘由,如公司连续5年亏损,连续3年无法召开股东大会、董事会等。

3.1.2　有限责任公司章程vs股份有限公司章程

公司的组织形式不同，所制定的公司章程也会有差别。

《公司法》第二十五条规定："有限责任公司章程应当载明下列事项：（一）公司名称和住所；（二）公司经营范围；（三）公司注册资本；（四）股东的姓名或者名称；（五）股东的出资方式、出资额和出资时间；（六）公司的机构及其产生办法、职权、议事规则；（七）公司法定代表人；（八）股东会会议认为需要规定的其他事项。股东应当在公司章程上签名、盖章。"

《公司法》第八十一条规定："股份有限公司章程应当载明下列事项：（一）公司名称和住所；（二）公司经营范围；（三）公司设立方式；（四）公司股份总数、每股金额和注册资本；（五）发起人的姓名或者名称、认购的股份数、出资方式和出资时间；（六）董事会的组成、职权和议事规则；（七）公司法定代表人；（八）监事会的组成、职权和议事规则；（九）公司利润分配办法；（十）公司的解散事由与清算办法；（十一）公司的通知和公告办法；（十二）股东大会会议认为需要规定的其他事项。"

由以上法律规定可以看出，两种公司的章程的基本区别不大，最大的区别主要体现在对公司重大事项的决策程序上。有限责任公司在股权转让等问题上优先考虑人，而股份有限公司在股权转让等问题上优先考虑资产和控股情况。

3.1.3　案例分析：创业公司的控制权之争

A公司是一家主营国际货物运输业务的公司，由李某、徐某夫妻二人创立。在A公司创立之初，李某持股80%，担任公司总经理、法定代表人和执行董事，负责公司的业务经营；而徐某则持股20%，负责公司的财务管理。

根据我国法律规定，设立公司时必须先制定公司章程。而李某与徐某夫妻却认为公司章程并不重要，因此他们只是从网上随意下载了一份不设董事会仅设执行董事的公司章程模板，将其填好后进行了登记。

在随后几年中，A公司业绩良好，李某决定引入新股东。于是他与齐某、刘某、钱某3人签订了股权转让协议，将自己名下60%的股权平均转让给3人。

至此，A 公司由 5 位股东均分股权。但在齐某等 3 人支付股权转让款之后，李某没有去市场监管部门办理股权变更，也没有在公司内部更新股东名册。

而后，李某与全体股东签订了《股东股权工商注册的补充协议》（以下简称《补充协议》），将其股份转让给其弟弟李某二，李某本人退出 A 公司。《补充协议》同时约定公司执行董事与法定代表人必须在李某和李某二中产生。但之后，李某拒不承认齐某等 3 人的股东身份。齐某等人后来通过起诉夺回了自己应有的权利与股东身份。

2021 年，徐某、齐某等 4 人以 80% 的控制权召开临时股东大会，到场的 4 名股东（股东李某二并未到场）一致赞成罢免李某的执行董事和法定代表人职位，并选举徐某为公司执行董事、法定代表人及总经理，并对公司章程作出相应修改，至此徐某成为公司实际掌权人。随后，徐某等股东带着股东大会会议记录、决议与公司章程修订案，到市场监管局进行相应的登记变更。

李某兄弟二人坚决不服从决议，向法院提起诉讼，认为徐某 4 人临时股东大会违背了公司章程和股东协议，希望法院撤销临时股东大会决议。李某认为，一旦法院撤销决议，那么徐某等人的身份变更便失去法律依据，他也能重回公司，夺回控制权。

在 A 公司的这次控制权争夺战中，公司章程的模糊是引发矛盾的导火索。A 公司的公司章程所列举条例大都为《公司法》的内容，有些与该公司实际情况并不符合。李某、徐某夫妻二人没有对其进行细化、补充和替代，使公司自治没有相应的依据。A 公司的公司章程没有对法定代表人以及公司的实际控制人作出明确说明。同时，公司章程对于股东大会表决方式的规定也含糊不清，具体表现在公司章程中的"决定应由全体股东表决通过"存在歧义：究竟决议是由全体参与表决的股东通过，还是由全体股东通过，即包括未到场的李某二。对此双方产生了激烈的争吵，而这也是矛盾的焦点。

由此可见，将公司章程的每个条例都设计得全面而精准是多么重要。如果因为公司章程存在疏漏而引发股东后续对控制权的争夺，势必会影响公司的稳定与发展。因此，重视公司章程，在公司成立之初就设计好合理、严谨的公司章程是公司发展的重中之重。

3.2
成立有限合伙企业

有限合伙企业是由普通合伙人（以下简称 GP）和有限合伙人（以下简称 LP）共同设立的一种新型合伙公司模式。GP 与 LP 的最主要区别在于 GP 对公司债务承担无限连带责任，而 LP 以其认缴的出资额为限对公司债务承担责任。

3.2.1　有限合伙架构分析

根据我国相关法律规定，有限合伙企业至少有 1 个 GP，人数应在 2 ～ 50。GP 与 LP 通过有限合伙企业持股核心公司。GP 一般是核心公司的创始人或其指定人员，他们具有管理职能，对核心公司有控制权；LP 一般是公司的激励对象，不参与公司的管理，只享有股权的经济收益。

有限合伙架构是一种间接持股模式，它通过《中华人民共和国合伙企业法》（以下简称《合伙企业法》）赋予有限合伙架构的灵活的利益及权利分配机制，成功实现公司创始人所希望的分钱不分权。

例如，某公司创始人冯某虽然只持有 A 公司 3% 的股份，但其依旧掌握着公司的控制权，这是如何实现的？

首先，冯某成立了一个自己 100% 控股的私人公司——B 公司。其次，冯某以 B 公司为 GP、公司高管为 LP 成立了合伙企业 C，其中 GP 持股 3%、LP 持股 97%。最后，合伙企业 C 持股并控制 A 公司。

在钱权分配方面，合伙企业 C 中的 GP 与 LP 达成了完善的合伙协议，约定 GP 享受全部话语权，而 LP 只享受企业的经济收益。这样一来，虽然 GP 即 B 公司只持有合伙企业 C 很少的股份，但依旧拥有合伙企业 C 的控制权。而 B 公司的实际控制人冯某也通过成立合伙企业的方式成为 A 公司的实际控制人。整个控制流程为：冯某 100% 控股 B 公司 → B 公司控制合伙企业 C → 合伙企业 C 控制 A 公司，最终冯某实现对 A 公司的控制。

3.2.2　有限合伙企业的优势

有限合伙企业之所以能够成为众多创始人间接持股的首选，是因为它具备一些独特的优势。

1. 保障创始人的控制权

有限合伙架构能够避免由于股权稀释导致创始人股权比例降低，最终失去控制权的问题。在有限合伙架构中，GP虽然对公司债务承担无限连带责任，但可以作为事务执行人对外代表公司，掌握公司绝对的决策权与管理权，是名副其实的实际控制人。而LP虽然可以获得分红，但没有决策权和对公司的控制权。由此可见，有限合伙通过有效分离控制权与收益权，能够让创始人轻松掌握公司的控制权。

通常情况下，LP对公司的经营决策并不做过多干涉，他们只关注自己能够从公司收益中获取多少股息分红，有限合伙制度恰好可以作为持股平台实现这一目的。同时，借助特有的内部治理机制，有限合伙还能够降低运营成本、提高决策效率。股东如果通过有限合伙持有股份，无论是进入还是退出股东之列，其流程都更加简单，这种进出自由的模式也会对投资人产生很大的吸引力。

2. 减轻税负

为扶持当地发展、招商引资，我国部分地区对有限合伙企业给予返税、低税率等政策优惠。有限合伙企业可以选择设立在有税收政策优惠的地方，以更好地减轻税负。

3. 持股平台作用

对于有上市计划的公司来说，持股平台能够带来很大的红利，如对员工进行股权激励。如果采取员工直接持股的方式，大量小股东势必会对公司的上市之路产生一定阻碍，公司的决策效率会大大降低。而员工通过有限合伙企业持股，不仅可以实现股权激励，还能够聚集公司控制权，不会影响资本市场对公司上市的整体估值。

3.2.3　案例分析：贝达药业的IPO之路

贝达药业股份有限公司（以下简称"贝达药业"）是我国一家创新型药企，以研制靶向抗癌药而出名。由于创新药在前期往往需要投入大量资金，研发时间久、盈利周期长，药企通常需要为自己的上市之路做更久的铺垫。

在2016年上市之前，贝达药业再次发布招股说明书，通过发行股份募集到8.48亿元资金。这批资金主要用于扩建新厂区、升级研发设备，为上市做准备。

虽然贝达药业经过多次大额融资，但其实际控制人依然是创始人丁列明。在其上市之前，贝达药业招股说明书显示，贝达药业控股股东为宁波凯铭投资管理合伙企业（有限合伙，以下简称凯铭投资）、浙江贝成投资管理合伙企业（有限合伙，以下简称贝成投资）。

其中，凯铭投资持有贝达药业22.24%的股份，贝成投资持有贝达药业7.50%的股份。以上两家有限合伙企业的GP均为丁列明。因此，虽然丁列明没有直接对贝达药业持股，但他通过有限合伙架构依然成为贝达药业的实际控制人。

资料来源：《贝达药业：首次公开发行股票并在创业板上市招股说明书》

3.3

打造多层级控制链

在股权架构设计过程中，创始人可以通过间接持股打造一个多层级的控制链，实现对核心公司的控制。该控制模式在保障控制权方面具有诸多优势。

3.3.1 双层控制链vs多层级控制链

在多层级控制链中，创始人位于顶端，实际控制的目标公司在底端，中间的多层级为多层控股公司。通过层层控股的模式，创始人可以以少量的出资实现对每一层控制链的控制，最终控制目标公司。

在拆解多层级控制链时，对其简化版双层控制链进行解析更为清晰明了。双层控制链指的是创始人和目标公司中间只隔了一个控股公司的股权架构模式，如图 3-1 所示。

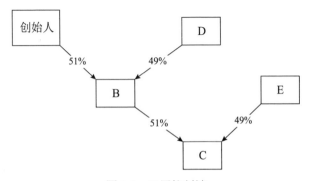

图 3-1 双层控制链

如图 3-1 所示，在双层控制链中，创始人位于控制链顶端，拥有 B 公司 51% 的股份，又通过 B 公司拥有 C 公司 51% 的股份，进而掌握 C 公司的实际控制权。D 和 E 分别是 B 公司和 C 公司的投资方。假设 B 公司和 C 公司的注册资金都为 100 万元，D 对 B 公司的投资和 E 对 C 公司的投资均为 49 万元，那么该创始人只需要出资 51 万元，就控制了外部投资方 D 和 E 的共计 98 万元的资金。同时，创始人也拥有了 C 公司 51% 的控制权。

和双层控制链相比，多层级控制链指的是创始人与目标公司中间隔了两个以上的控股公司的股权架构模式，如图 3-2 所示。

如图 3-2 所示，在多层级控制链中，创始人持有 A 公司 51% 的股份，又通过 A 公司持有 B 公司 51% 的股份，通过 B 公司持有 C 公司 51% 的股份，进而掌握 C 公司的实际控制权。

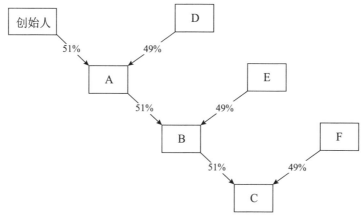

图 3-2　多层级控制链

假设 A 公司、B 公司、C 公司的注册资金均为 100 万元，D 对 A 公司、E 对 B 公司、F 对 C 公司的投资均为 49 万元，那么创始人只需要出资 51 万元，就可以控制 D、E、F 共计 147 万元的资金。同时，创始人也可以顺利实现对 C 公司的控制。

3.3.2　多层级控制链的三大优势

多层级控制链的搭建并不复杂。创始人可以先创立一个自己控股的 A 公司，再通过 A 公司寻找合作伙伴共同成立 B 公司，同时约定好 A 公司对 B 公司拥有控制权，此后再通过 B 公司寻找合作伙伴，共同成立 C 公司，同样约定好 B 公司对 C 公司的控制权，以此类推。这样一来，创始人控制第一层公司，第一层公司控制第二层公司，最终在层层控制中，创始人实现了对目标公司的控制。

多层级控制链是一种非常巧妙的分钱不分权模式。在创始人和目标公司中间创建多层控股公司，可以让各层投资人通过控股公司对目标公司间接持股，从而实现钱权分离。具体来说，多层级控制链具有以下 3 个优势。

1. 实现以有限资金控制更多资金

多层级控制链能够以层层控制的方式帮助创始人以更少的资金控制目标公司，同时实现对多层投资公司的控制。从多层级控制链的搭建模式上来看，

搭建的层级越多，吸引的投资人也越多，创始人以有限的资金能够撬动的资本总量也就越多。

2. 享受税收优惠政策

《中华人民共和国企业所得税法》（以下简称《企业所得税法》）第二十六条规定："企业的下列收入为免税收入：（一）国债利息收入；（二）符合条件的居民企业之间的股息、红利等权益性投资收益；（三）在中国境内设立机构、场所的非居民企业从居民企业取得与该机构、场所有实际联系的股息、红利等权益性投资收益；（四）符合条件的非营利组织的收入。"

创始人利用链条中公司的分红再投资，这部分红利免征企业所得税。创始人可以将链条中各层级公司的分红用于其他投资，且无须承担税负。

3. 债券融资更方便

以多层级控制链对目标公司进行管理十分利于目标公司进行债券融资。一方面，在控股公司实力较强、信用等级较高时，如果目标公司需要向银行贷款，那么控股公司可以为其提供担保，便于目标公司获得银行的信任；另一方面，控股公司在积累一定的资产后，可以发行企业债券，获得融资。

3.4

实施二元制股权架构

二元制股权架构是相对于一元制股权架构而言的。许多公司采取的都是同股同权的一元制股权架构，而二元制股权架构的核心特点就是同股不同权，通常是多数股东一股一票、少数股东一股数票。二元制股权架构是一种十分适合上市公司实行的股权架构，它通过将现金流与控制权分离，进而使公司的控制权掌握在少数人手中。

3.4.1　二元制股权架构：以少量资本控制公司

二元制股权架构的作用是通过同股不同权的制度，以少量资本控制整个公司。其实行方法是将股票分为 A 股和 B 股两类，通常对外发行的 A 股是低投票权股份，只有 1 票投票权，而公司内部管理层持有的 B 股则是高投票权股份，拥有多票投票权。

A 股在利润分配、优先受偿等方面更有优势，流通性更好。而 B 股一般不能公开交易，若想转让，必须先转换成 A 股。需要注意的是，B 股可以转换为 A 股，但 A 股不能转换为 B 股。

公司在发展的过程中往往需要大量资金的支持，创始人手中的股权也会在多次融资后被稀释，在同股同权的一元制股权架构下，创始人很有可能因为股权被过度稀释而丧失对公司的控制权。

例如，乔布斯在 1985 年被迫离开苹果公司的核心团队，就是因为其控制权随股权被稀释而减少。在创业初期，苹果公司的创始人乔布斯和沃兹各持股30%，投资人马库拉持股 30%，硬件工程师霍尔特持股 10%。在多轮融资后，乔布斯仅持股 15%，沃兹仅持股 6.5%，而马库拉持股 11.4%，后因公司业务调整，失去实际控制权的乔布斯被迫递交了辞呈。

股东的主要权利包括财产权和投票权两种。对于财务投资人来说，相比投票权，其更重视自己享有的财产权，如股权价值、股权分红等。而对于创始人来说，公司的控制权往往更加重要，因此其更关注投票权。基于两种主体的差异化需求，公司可以进行差异化的股权架构设计，而二元制股权架构可以很好地满足两种主体的需求。下面以拼多多为例进行具体讲述。

2020 年 7 月，黄峥宣布卸任拼多多 CEO（首席执行官）的职务，继续担任董事长。同时，其对于拼多多的持股比例从 43.3% 降至 29.4%，而其拥有的投票权从 88.4% 降至 80.7%。为什么黄峥持股 29.4% 却可以拥有 80.7% 的投票权？原因就在于拼多多实施的是二元制股权架构。

在这种股权架构下，A 股每股拥有 1 票投票权，B 股每股拥有 10 票投票权。其中，黄峥持有的是 B 股，其他股东持有的均为 A 股。同时，拼多多规定，

A 股不能转换为 B 股，而 B 股可以随时转换为 A 股。并且，一旦 B 股从黄峥手中转售，流向市场，则 B 股自动转换为 A 股。拼多多实施的这种二元制股权架构赋予了黄峥 1∶10 的超级投票权，稳固了其对公司的控制权。

由上述案例可知，为了避免创始人手中的股权被稀释而丧失对公司的控制权，创始人可以设置二元制股权架构，自己持有高投票权的 B 股。这样即使手中的股权被稀释，创始人依旧可以以较高的投票权牢牢控制公司。

3.4.2　二元制股权架构的优点与缺点

控制权的归属问题始终伴随着公司的发展。稳定的控制权有利于满足不同股东的需求，促进创始人专注于公司的经营，避免投资人过度追求短期收益采取过激措施。因此，在实际生活中，二元制股权架构广受互联网企业的欢迎，例如，京东、小米、百度等知名互联网企业采用的都是二元制股权架构。

二元制股权架构的优点较为明显。一方面，在互联网企业的整个发展过程中，创始人始终都是企业的灵魂人物，但其初创资本微薄，企业的壮大又离不开融资，融资势必导致创始人的股权被稀释。而二元制股权架构在企业引进资金的同时保证了创始人控制权不会丢失。另一方面，当公司经营不太理想、股价低迷时，其往往会成为其他公司收购的对象。二元制股权架构有利于防止公司被恶意收购，为公司发展提供安全保障。

二元制股权架构本身也存在一些弊端。在初创企业发展成熟后，"一股独大"会损害中小股东的权益。例如，香港交易所就曾因为上市公司大股东罔顾持普通股的小股东利益肆意妄为而暂停采用二元制股权架构的公司上市。

为防止此类情况发生，"日落条款"随之产生。"日落条款"即当拥有特别表决权股份的股东出现以下情形时，特别股份应自动转换为普通股份：拥有特别表决权股份的股东不符合资格要求或最低持股要求；丧失相应履职能力、离任、死亡；失去对相关持股主体的实际控制；向他人转让所持有的特别表决权股份，或者将特别表决权股份的表决权委托他人行使；公司的控制权发生变更。

二元制股权架构适用于发展较为成熟、具有较大发展潜力的大公司，而不适用于实力相对弱小的小公司。小公司的盈利能力相对较弱，吸引投资人投资的关键往往在于技术、业务等方面的优势。投资人投资小公司也往往希望得到更多投票权。而如果公司采用的是二元制股权架构，则不利于投资人获得更多投票权。因此，采用二元制股权架构的小公司很难获得融资。

3.5
签署一致行动人协议

在公司的收购、投资等环节中，一致行动人的行为被视为一个人的行为，他们的持股数量要合并计算。例如，A 持股 25%，B 持股 30%，A 与 B 签署了一致行动人协议，那么在法律层面上，A 与 B 就是该家公司持股 55% 的大股东。

3.5.1　什么是一致行动人

所谓一致行动人，实际上就是指能够通过某种关系或协议约定，以非公司股东的身份对公司产生影响，参与公司日常经营的人。在公司实际经营或投资中，一致行动人往往是夫妻，如海底捞的创始人张勇、舒萍夫妇；或父母与子女，如方太创始人茅理翔与茅忠群父子；或兄弟，如公牛创始人阮立平与阮学平兄弟。

但除了亲属关系外，公司股东还可以签订协议，成为合法的一致行动人。《上市公司收购管理办法》第八十三条第一款规定："本办法所称一致行动，是指投资者通过协议、其他安排，与其他投资者共同扩大其所能够支配的一个上市公司股份表决权数量的行为或者事实。"签署一致行动人协议的股东要在股东大会发起表决前事先商量，作出统一的决定，否则将被视为违约，会受到

惩罚，如赔偿股份等。

但是非上市公司与上市公司关于一致行动人的界定存在一定差别，《上市公司收购管理办法》第八十三条第二款对上市公司"一致行动人"作出了界定："在上市公司的收购及相关股份权益变动活动中有一致行动情形的投资者，互为一致行动人。如无相反证据，投资者有下列情形之一的，为一致行动人：（一）投资者之间有股权控制关系；（二）投资者受同一主体控制；（三）投资者的董事、监事或者高级管理人员中的主要成员，同时在另一个投资者担任董事、监事或者高级管理人员；（四）投资者参股另一投资者，可以对参股公司的重大决策产生重大影响；（五）银行以外的其他法人、其他组织和自然人为投资者取得相关股份提供融资安排；（六）投资者之间存在合伙、合作、联营等其他经济利益关系；（七）持有投资者30%以上股份的自然人，与投资者持有同一上市公司股份；（八）在投资者任职的董事、监事及高级管理人员，与投资者持有同一上市公司股份；（九）持有投资者30%以上股份的自然人和在投资者任职的董事、监事及高级管理人员，其父母、配偶、子女及其配偶、配偶的父母、兄弟姐妹及其配偶、配偶的兄弟姐妹及其配偶等亲属，与投资者持有同一上市公司股份；（十）在上市公司任职的董事、监事、高级管理人员及其前项所述亲属同时持有本公司股份的，或者与其自己或者其前项所述亲属直接或者间接控制的企业同时持有本公司股份；（十一）上市公司董事、监事、高级管理人员和员工与其所控制或者委托的法人或者其他组织持有本公司股份；（十二）投资者之间具有其他关联关系。"

而对于非上市公司来说，非上市公司的股东可以通过签订一致行动人协议来确定一致行动人身份。

3.5.2　有利于扩大创始人控制权

一致行动人协议的形式多种多样，但其核心内容不会改变，那就是充分发挥一致行动人的优势，保护创始人对公司的控制权。创始人可以与其他股东签署一致行动人协议，在对事项进行表决之前，一致行动人会给出一个结果作为唯一对外的意见，用以决定这一事项是否进行，这样能够扩大创始人的控制权。

北京某互联网公司计划引进一笔融资，融资之后创始人梁某原本所持有的 51% 的股权将被稀释为 42%，而如果此后投资人恶意收购中小股东股份，所持股份比例达到 51% 后，梁某将失去对公司的控制权。

为了避免这一后果，梁某决心整合控制权，于是他召集公司的几位核心股东进行会议商讨。在达成一致意见后，梁某与几位股东签订了一致行动人协议。至此，梁某与签订协议的其他股东共同持有公司 53% 的股权，梁某重新获得了公司的控制权。

通过以上案例可知，一致行动人协议有利于股东之间形成联盟，增强创始人的实际控制权。一致行动人协议适用于治理结构较为完善的公司，因为一致行动人协议适合开展长期的业务、进行长远的布局，有利于公司战略规划的落地。一致行动人协议约定按照各方持股比例的多少行使决策权，对于持股较多的股东更为有利。

3.5.3 一致行动人协议的核心内容

在签署一致行动人协议时，股东需要保证协议的完整性，如果协议存在疏漏，那么日后出现问题时也难以追责或有效解决。具体而言，一致行动人协议的核心内容主要包括以下几个部分，如图 3-3 所示。

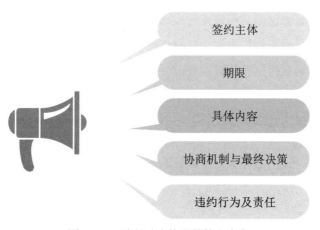

签约主体

期限

具体内容

协商机制与最终决策

违约行为及责任

图 3-3 一致行动人协议的核心内容

1. 签约主体

一致行动人协议的签约主体一般为公司的股东，签约的目的是明确股东的投票权。

2. 期限

一致行动人协议的期限由签约各方协商确定。

3. 具体内容

在一致行动人协议中，一致行动针对的是股东在公司股东会、董事会中的投票权。在不违反《公司法》规定和公司章程约定的前提下，各股东可以协商确定协议的具体内容。

4. 协商机制与最终决策

在协商机制方面，签署协议的各方应当提前就股东会或董事会决议中需要投票表决的事项进行协商，争取取得一致意见。在各方难以达成一致意见时，主要采取"一方决策制"形成最终决策，即以实际控制人的意见为准。

5. 违约行为及责任

如果签署协议的一方违反约定，擅自在股东会或董事会上行使投票权，则有可能给签署协议的其他股东造成重大损失。为避免或有效解决这一问题，各方应在一致行动人协议中明确各种违约行为及相应的违约责任。例如，当某股东违反协议约定擅自行使投票权时，该股东需要支付较高的违约金，弥补其他股东的损失。违约责任的明确除了可以保证各股东的利益外，还可以对股东产生威慑力，减少违约情况的发生。

股东可以从以上几个方面入手明确一致行动人协议的各项内容。以下为一个一致行动人协议模板，可以为股东拟定一致行动人协议提供参考。

一致行动人协议

甲方（身份证号码）：

乙方（身份证号码）：

丙方（身份证号码）：

丁方（身份证号码）：

以下将甲方、乙方、丙方、丁方统称为"各方"。

鉴于：

（1）甲方为 ＿＿＿＿ 股份有限公司（以下简称"A 公司"）的股东，占股 ＿＿＿＿%；乙方为 A 公司的股东，占股 ＿＿＿＿%；丙方为 A 公司的股东，占股 ＿＿＿＿%；丁方为 A 公司的股东，占股 ＿＿＿＿%。

（2）为保障公司得到稳定的发展，减少公司因意见不合而浪费的时间、经济资源，提高公司经营、决策的效率，各方协商在公司股东大会中采取"一致行动"，从而达到高效控制公司的目的。

为此，各方经友好协商，对"一致行动"的事宜进一步明确以下条款。

1."一致行动"的目的

各方将在公司股东大会中行使表决权时保持目标一致、行为一致，以达成保障各方在公司中的控制地位的目的。

2."一致行动"的内容

各方在公司股东大会中保持的"一致行动"是指各方在行使下列表决权时保持行为一致：

（1）提案；

（2）投票表决公司的经营企划和合伙人提案；

（3）投票表决制定公司的年度财务预算方案、决算方案；

（4）投票表决制定公司的利润分配方案与弥补亏损方案；

（5）投票表决制定公司增减注册资本的方案以及发行公司债券的方案；

（6）投票表决聘任或解聘公司经理，并根据经理的提名，聘任或解聘公司副经理、财务负责人，决定其报酬事项；

（7）投票表决公司管理机构的设置；

（8）投票表决制定公司的基本管理制度；

（9）如果各方中任意一方无法参加股东大会会议，须委托其他方并代为行使投票表决权；若各方均无法参加股东大会会议，则须共同委托他人参加会议并代为行使投票表决权。

（10）行使在股东大会中的其他职权时。

3. "一致行动"的延伸

（1）若协议各方意见无法统一，各方则依据 ＿＿＿ 方的意向行使表决权；

（2）协议各方承诺，若某一方将自己所持本公司的全部或者部分股份对外转让，则受让方需要同意继承本协议所协商的义务并与其余各方重新签署本协议，股权转让方能生效；

（3）如果任何一方违反以上任意一条承诺，则必须按照守约方的要求将其全部权利与义务向守约方进行转让。守约方也可以要求将违约方的全部权利和义务转让给协议外的第三方。

4. "一致行动"的期限

自 ＿＿＿ 年 ＿＿＿ 月 ＿＿＿ 日起，至 ＿＿＿ 年 ＿＿＿ 月 ＿＿＿ 日。

5. 变更或解除协议

（1）本协议自各方在协议上签字盖章之日起生效，各方在协议期限内应按照约定履行协议义务，若要变更本协议条款，需经各方协商一致且采取书面形式重新签订协议。

（2）在期限之前解除本协议，需各方协商一致。

以上变更和解除均不得损害各方在公司中的合法权益。

6. 争议的解决

本协议出现争议时，各方需要通过友好协商解决。如果协商无效，则应将争议提交给仲裁委员会按仲裁规则解决。

7. 本协议一式 ＿＿＿ 份，各方各执 ＿＿＿ 份，具有同等法律效力。

签署各方：

甲方（签字）：

乙方（签字）：

丙方（签字）：

丁方（签字）：

签署日期： ＿＿＿ 年 ＿＿＿ 月 ＿＿＿ 日

3.6
在内部行使委托投票权

股东行使委托投票权是分钱不分权的方式之一。《公司法》第一百零六条规定："股东可以委托代理人出席股东大会会议，代理人应当向公司提交股东授权委托书，并在授权范围内行使表决权。"

3.6.1　通过委托投票权控制公司的原理

根据我国相关法律规定，无法或者不愿出席股东大会进行投票的股东，可以通过签署书面协议，将自己所持股票的投票表决权委托给某一特定股东行使。

例如，在京东商城发行上市前，曾有 11 位投资者将投票权委托给刘强东代为行使，这使得当时个人持股仅占 20% 的刘强东通过老虎基金、高瓴资本、今日资本以及腾讯等投资人的委托拥有了超过 50% 的投票权。

虽然刘强东持有的股权不多，但委托投票协议让他拥有了对公司的绝对控制权。此外，委托投票协议还有一个重要作用：促使公司实际控制人完善公司治理机制，防止他人争夺公司控制权。

美国国际联合电脑公司（以下简称 CA）是一家全球知名的电脑软件公司，但是这家公司的董事会在 2001 年差点被小股东推翻。CA 原本的实际控制人王嘉廉是创始人兼董事长，但从 1999 年开始，CA 业务停滞不前，股东们对王嘉廉的不满达到极点。由此，怀利向股东们发起了重组董事会的提议。

根据美国法律，持有 0.3%CA 股份的怀利只需要收集到足够多的股东委托书，就有权利对 CA 董事会进行改组。怀利的行动得到了积怨日久的股东们的支持，这部分股东与以王嘉廉为代表的董事会所拥有的股权相当。但最后由于部分小股东对怀利的方案持怀疑态度，使王嘉廉以微弱的优势保住了对 CA

的控制权。

虽然怀利并未成功推翻王嘉廉，但此次行动使公司内部管理者开始自省，从而推动了公司内部治理制度的完善。

资料来源：新浪新闻《美亿万富翁谈重组 CA 国际公司计划》

委托投票权的根本目的是维护持股者的自身权益，实现其自身诉求。通过委托投票的形式争夺对公司的控制权，无论是成功还是失败，都是对控制人或者董事会的决策进行约束的重要手段。

3.6.2 案例分析：新北洋的股权变革

新北洋是一家上市公司，其主营业务是智能设备的研发、生产、销售和服务。在成立之时，新北洋的大股东为北洋集团，其持股比例达 34.27%。之后，为了能够更好地开展业务，新北洋进行了两次增资，北洋集团对新北洋的控制权随着股权被稀释而减少。在增资结束后，北洋集团所持股份比例仅为13.71%。

北洋集团对新北洋的绝对持股比例降低所带来的后果是控制权的不稳定。为了避免出现争夺控制权的局面，在又一次增资扩股之后，北洋集团试图与新股东联众利丰签署授权委托书，希望联众利丰能将投票表决权等权利委托给自己行使。

联众利丰在经过股东大会的表决后，向北洋集团出具了授权委托书。协议约定：联众利丰将所持 2 000 万股股份的股东表决权、股东提案权、董监事提名权等权利委托给北洋集团行使，委托期限为 5 年。而股权所带来的收益权以及对股份的处置权，均由联众利丰自己行使，并且联众利丰承诺在新北洋上市36 个月之内不会将其所持发起人股份转让。自签署之日起，新北洋共召开过10 次股东大会，北洋集团依据联众利丰的委托书依法行使了相应的股东权利。

资料来源：《上海市锦天城律师事务所关于山东新北洋信息技术股份有限公司首次公开发行股票前石河子联众利丰投资合伙企业（有限合伙）所持股份自愿锁定的承诺函相关事项的法律意见书》

从结果来看，新北洋的控股股东依旧是北洋集团。在不改变股权架构的基础上，北洋集团通过委托投票权的合法使用，成功获得对新北洋的实际控制权。

但是并非所有委托投票权都能够让渡对公司的控制权。例如，ST 安通公司的实际控制人郭东泽将自己所持占 ST 安通总股本的 29.99% 股权对应的表决权委托给诚通湖岸行使。在签署授权委托书后，诚通湖岸的股东张晓琳成为 ST 安通的实际控制人。

但在证券交易所依法核实该份授权委托书的真实性时，双方再次签订了补充协议。补充协议中规定：郭东泽对 ST 安通董监事任免、提名等重大事项仍有控制权，授权委托书不构成实际控制人变更的事实。

因此，授权委托书中的内容能否落到实处，后续还需要有关机构的依法监督和管理。否则，突发和随意的投票表决权的转让会造成公司控股股东的不稳定，在实际控制人认定方面也会存在一定争议。对于投资人来说，随意地委托表决权和变更实际控制人会让他们的权益受到损害；对于公司来说，控股股东的频繁变动对公司的长远发展也会产生不好的影响。因此，有关委托投票权的协议签署一定要慎重对待。

3.7

科学发行优先股

对于公司来说，优先股可以让投资人或部分股东以放弃"权"（权利）为代价，从而获得更多"利"（回报）。而创始团队则需要承担"利"的不确定性，以换取更多的"权"，从而牢牢地控制公司，防止控制权旁落。因此，发行优先股也是一种保障控制权的有效方法。

3.7.1 优先股的定义与发行条件

优先股指的是股东享有优先权的股票，这类股票在分配盈利和剩余财产时通常是优先于普通股的。换言之，与普通股股东相比，优先股股东在分配盈利和剩余财产时可以享受优先权，而且因为其股利是固定的，所以风险比较低。

综合地看，优先股通常具有以下几个特点。

（1）有明确的股息收益率。优先股的股息收益率往往不会根据公司的经营情况有所增减，而且与公司的分红也没有很大关系。但优先股股东可以比普通股股东更早获得股息收益。对于公司来说，由于股息收益率非常稳定，因此不会过度影响盈利和剩余财产分配。

（2）权利范围小，其股东通常没有选举权和被选举权，对公司的重大经营决策也没有投票权。但当股东会讨论与这些股东的利益相关的事项时，这些股东可以有表决权。

（3）不上市流通，其股东也无权干涉公司的经营和管理。

优先股与普通股有一定的差异，这就决定了其股东享受的权益也不同。

（1）优先股股东的索偿权高于普通股股东，但低于债权人。

（2）当公司进行破产清算时，优先股股东对剩余财产有优先于普通股股东的要求权。

（3）当公司连续几年不分配盈利和剩余财产时，优先股股东可以在股东大会上提出分配盈利和剩余财产的要求，从而更充分地保护自己的权益。

综上所述，优先股股东以放弃部分权利，如选举权、投票权、表决权等，换取了优于普通股股东分配盈利和剩余财产的权利。因为优先股股东的权利比较少，所以创始人可以通过发行优先股的方式掌握公司的控制权。发行优先股的具体要求如下。

1. 对发行主体的要求

公开发行优先股应该符合以下 4 种情形：

（1）普通股为上证 50 指数成分股；

（2）以发行优先股作为支付手段收购或合并其他公司；

（3）以减少注册资本为目的回购普通股，可以发行优先股作为支付手段；

（4）在回购方案实施完毕后，可发行不超过回购减资总额的优先股。

2. 对财务状况的要求

公司发行优先股时，财务状况要达到一定的条件：最近 3 个会计年度应该连续盈利；最近 3 年现金分红情况应该符合公司章程及证监会的相关规定；最近 3 个会计年度实现的年均可分配利润不能少于优先股 1 年的股息。

3. 对公司章程的要求

发行优先股的公司应该在公司章程中规定以下事项：

（1）采取固定股息收益率；

（2）如果有可以分配的税后利润，必须向优先股股东分配这些利润；

（3）如果未向优先股股东足额派发股息，差额部分应该累积到下一会计年度发放；

（4）优先股股东获得股息，便不再与普通股股东一起分配剩余利润。

4. 对发行规模的要求

发行优先股的公司，筹资金额不得超过发行前净资产的 50%。

5. 对募集资金投向的要求

公司发行优先股，募集资金必须有明确的用途，而且用途要与业务范围、经营规模相符，同时还要符合国家产业政策和环境保护的相关规定。

最重要的一点是，公司在发行优先股前，需要由保荐人保荐，并向证监会提出发行申请，发行审核委员会通常会对此申请进行审核。公司可以要求一次审核，分批发行优先股。如果发行申请通过，公司应该在 6 个月内首次发行优先股，剩余优先股则需要在 24 个月内发行完毕。

3.7.2　哪些公司适合发行优先股

不是所有的公司都适合发行优先股，那么哪些公司适合发行优先股呢？从理论上来说，以下几种公司比较适合发行优先股。

1. 净资产收益率高、盈利能力好、现金流比较充足的公司

净资产收益率高、盈利能力好、现金流比较充足的公司主要有银行、大型央企和国企。这些公司要谋求发展，就必须不断融资以补充资金，或者在证券市场上定向增发股票。但这些股票具有交易性质，会对证券市场产生一定的影响。优先股通常不会在二级市场上流通，这就大大降低了二级市场的压力。

优先股的发行对象主要是大型投资机构或知名投资人，普通投资人较少获得优先股。与发行次级债券相比，优先股没有固定的到期日，从而使需要融资的公司获得稳定的资金来源。

2. 现金流暂时有困难的公司

现金流暂时有困难的公司可以通过发行优先股解决此问题。投资人在购买公司的股权后，可以获得丰厚的利润，而公司也借此渡过了现金流难关。但需要注意的是，此类优先股往往会附加转股、回购等条件。

在美国金融危机期间，巴菲特以50亿美元的价格购买了高盛集团的优先股，此优先股就附加了普通股认购权。这样巴菲特不仅帮助高盛集团解决了现金流问题，他旗下的伯克希尔·哈撒韦公司也获得了丰厚的优先股收益，以及一部分转让普通股认购权的收益。综合地看，巴菲特此次投资的年回报率超过了30%。

在一些国家，优先股也用于政府对公司的救助。例如，在金融危机期间，美国政府购买了美国国际集团的优先股，以便对其进行救助。之后，美国国际集团顺利渡过危机，美国政府也获得了自己应得的利益。

通过购买优先股救助公司，一般不会对公司的自主性和生产积极性造成很大影响，也不会使市场出现过度动荡。而且这样也维持了公司的私营性质，使政府投入的资金更安全，确保政府在退出公司时可以更方便。

3.处于创业期或发展初期的公司

处于创业期或发展初期的公司，股票价格通常比较低。如果这些公司发行了优先股，那就可以在不降低创始团队控制权的情况下顺利完成融资。

4.进行并购重组的公司

对于进行并购重组的公司来说，优先股可以作为收购资产或换股的支付工具，从而推动并购重组工作更顺利地进行。

在公司发展过程中，大多数创始团队既想通过发售股权的方式将公司做大、做强，又害怕丧失对公司的控制权。于是，他们就在分股与分权之间徘徊和纠结，从而错失了融资良机。发行优先股就可以帮助他们解决此问题，让他们更好地享有公司的控制权。

3.7.3 案例分析：晨鸣纸业的优先股设计

为了获得更好的发展，公司需要引入资金、人才。而当公司继续引入投资人以获得更多资金时，创始团队的股权就会不断被稀释，创始团队丢失控制权的风险非常高。因此，发行优先股成为创始团队保护控制权的方式之一。

发行优先股曾经是国外一些公司经常使用的保障控制权的方法。例如，早在 19 世纪，优先股就已经在美国出现了，美国也成为当时全球最大的优先股市场。现在我国的优先股制度也发展得越来越成熟，并受到了诸多公司的欢迎。以晨鸣纸业为例，其发行优先股进行融资推动了公司的良好发展。

晨鸣纸业（全称为"山东晨鸣纸业集团股份有限公司"）是一家以制浆、造纸为主业的大型企业。2014 年 12 月，晨鸣纸业发布了非公开发行优先股预案公告，同时在 2015 年 6 月对该预案进行了修订：拟向不超过 200 名投资人非公开发行 4 500 万股优先股。

2016 年 3 月，晨鸣纸业发行了 2 250 万股优先股，同时又于同年 8 月和 9 月发行了剩余的优先股，3 次共计发行优先股 45 亿元。

为什么晨鸣纸业选择发行优先股进行融资？

首先，晨鸣纸业普通股的价格较低，发行普通股对于投资人的吸引力较小。为了吸引更多目标投资人，更顺利完成融资，晨鸣纸业选择发行优先股进行融资。

其次，在股权架构方面，晨鸣纸业的股权较为分散。此次融资之前，其第一大股东所持股权比例仅为18.11%，前十大股东持股比例共计为38.01%。如果此时以发行普通股的方式进行融资，大股东的股权会被进一步稀释，影响大股东的控制权，而发行优先股不会对大股东的控制权产生影响。

最后，在资本构成方面，晨鸣纸业2014年的资产负债率为69.2%，负债比例很高，财务风险也很大。为降低资产负债率和财务风险，晨鸣纸业选择以发行优先股进行融资。在发行优先股之后，晨鸣纸业持续走高的资产负债率实现了下降，到2016年末，其资产负债率为61%，比2015年下降了16.8%，这表明了发行优先股对于资本结构优化的作用。在顺利发行优先股之后，晨鸣纸业的盈利能力得到了有效提高，净资产收益率、净利润、每股收益都有所增加。

总之，从短期看，公司发行优先股不会稀释股东股权，也不会分散公司的控制权。从中期看，发行优先股能够实现公司的净资产规模增长，优化资产结构，提升盈利水平。从长期看，发行优先股可以加速公司业务规模扩张，提升公司的抗风险能力，推动公司更好地发展。

第4章

规避股权风险：潜藏
陷阱的股权架构

在公司的发展过程中，往往会出现合伙人加入、投资人注资等重大事项，这些事项都会对公司的股权架构产生影响。如果没有及时对股权架构进行合理调整，就会给公司日后的发展留下隐患。为此，公司在设计股权架构时，需要从多方面出发提前规避股权风险。

4.1
股权设计的七大死局

股权架构设计的过程中存在诸多陷阱。如果不小心掉入陷阱，那么股权架构将成为公司发展的致命伤，使公司发展陷入停滞不前的死局。

4.1.1 股权均分

很多时候，大学同学或者有相同理想的同事一起创立公司，都喜欢将股权平均分配，因为这样看似比较公平，不伤感情，而且操作起来也非常简单。不过，经营公司不能只考虑表面上的公平，而忽视平均分配股权所存在的潜在问题，如因为职责不同而引起的心理不平衡、其他股东进入后控制权旁落等。

陈某在大学毕业后与自己的表哥赵某、赵某的妻子钱某共同创办了一家餐饮公司。经过多年的发展，公司的规模不断扩大，开设了 10 余家分店。在公司的生意越来越好时，3 人却因股权问题发生了争执，导致公司的发展停滞不前。

在公司成立之初，3 人的股权分配如下所示：陈某占股 50%，赵某、钱某分别占股 25%。在公司不断扩张的过程中，3 人没有按照实际情况对股权进行重新分配。后来，赵某、钱某离婚，钱某主动出让了自己的股权，赵某因而掌握了公司 50% 的股权，即当时陈某与赵某的股权处于平均分配的状况。

因为有了上市的想法，陈某和赵某决定进行融资，最终获得了两家投资机构的投资。二人分别拿出了 5% 的股权，两家投资机构各获得 5% 的股权。

这样一来，二人剩余的股权依然是平分的，均为 45%。

在之后公司经营的过程中，赵某一心想扩大自己对公司的控制权，于是将其中一家投资机构的股权购回，其手中的股权重新变为 50%。至此，该公司的股权已经发生了多次变化，具体的变化路径如表 4-1 所示。

表 4-1　该餐饮公司的股权变化路径

关键节点	赵某股权	钱某股权	陈某股权
赵某、钱某离婚前	25%	25%	50%
赵某、钱某离婚后	50%	放弃其 25%	50%
引入两家投资机构，投资机构各占 5% 股权	45%		45%
赵某购回股份	50%		45%

在之后公司发展的过程中，由于很多工作都是由赵某主持和推进的，因此陈某的实际权力已经被架空。这一结果引起了陈某的强烈不满，他和赵某之间的矛盾不断升级。此后，二人围绕公司的控制权展开了长久的争夺战，公司也在股权动荡下日渐飘摇。

现在很多创始人都是与自己的朋友或亲人合伙开公司。在创业初期，出于个人感情，创始人经常会和合伙人平分股权，但这一做法会为公司的后续发展留下无穷的隐患。为了避免这样的情况，创始人需要在公司成立之初就设计合理的股权架构，以保证自己的控制权。

4.1.2　小股东称霸

在公司中可能会出现这样的情况：某位股东虽然拥有的股权很少，但拥有很大的决策权。这就会导致公司出现小股东称霸的情况。这也是公司在设计股权架构时需要规避的一个陷阱。

某公司创立的时候只有张某和曹某两个股东，其中，张某占 51% 的股权，曹某占 49% 的股权。后来为了增强公司的市场竞争力，公司引进了一位技术人才王某，王某希望获得公司的股权。

于是，张某和曹某经过多次商议，最终决定每人拿出 2% 的股权给予王某。如此一来，张某、曹某二人的股权就分别变成 49% 和 47%，而王某拥有 4% 的股权。从表面上来看，王某的股权比较少，是不折不扣的小股东，但在很多决策中，王某却能够发挥关键作用。

对于一项公司事务，如果张某和曹某的意见一致，则事情很快就能够落实，但一旦二人在同一件事情的决策上持相反意见，那么王某的意见就变得至关重要。股权重新划分之后，张某的持股比例下降到 51% 以下，不再拥有相对控制权，而曹某与王某的持股比例相加正好是 51%。在这种情况下，张某和曹某都没有对公司的控制权，王某却掌握了关键的决策权。

由此可见，如果其他股东的股权相加等于或超过 51%，那么创始人的控制权和决策权就会受到严重影响，小股东的权利反而大大提升，这会给公司的正常经营与决策带来非常大的隐患。因此，创始人应注意，在给小股东分配股权时，应保证自己的控制权，切忌将决策权交给小股东。

4.1.3　仅按资入股

按资入股即根据出资比例确定股权，这样设计股权架构虽然比较容易操作，但存在一定的不合理性。

王某、李某、刘某 3 人合伙开公司，需要 100 万元的启动资金。其中，王某投入 60 万元，占股 60%；李某和刘某分别投入 20 万元，各占股 20%。从表面上看，这样的分配方式比较合理，在创业初期，这样的股权架构也没有出现问题。但随着公司的发展逐渐步入正轨，3 人却因为股权分配问题争吵不断。

王某不仅投入了 60 万元，还要负责公司的运营，而李某和刘某只提供了资金，不参与公司的运营，不过，李某和刘某还是按照各自的持股比例获得分红，这对王某显然是不公平的。久而久之，王某的不满情绪越来越强烈，与李某和刘某二人之间的矛盾也越来越深，最终 3 人散伙。

在上述案例中，3 人仅以投入的资金为依据进行股权分配是有失公允的。在实际操作中，不能仅依靠投入的资金分配股权，而应综合分析各股东对于公司的贡献。在创业之初，股东可能会提供资金、技术、办公场地，也可能为公司管理贡献时间和精力，这些要素都是股权架构设计时需要关注的。

为保证股权架构设计的公平性和合理性，创始人应将不同股东对于公司各方面的贡献进行估值，得出所有股东贡献的总估值，再以此计算不同股东应持的股权比例。以此设计出的股权架构能够综合体现不同股东的贡献，股权分配也更加合理。

4.1.4　股东众多

某些公司为了积累更多的资源和人脉，会通过众筹的方式引入大量股东。但是，股东众多的股权架构暗含着诸多风险，并不利于公司的长久发展。

张某是某公司的创始人，该公司拥有大约 100 位股东。这些股东大多数都有自己的本职工作，投入该公司的时间和精力都十分有限。在公司创立之初，许多股东的积极性都很高，也愿意积极处理公司事务。但是时间一长，这些股东要处理自己的工作，越来越无暇顾及公司的运营和发展，对于公司事务也经常会相互推诿，导致公司运转不畅。而张某分身乏术，很难一人撑起整个公司。于是，在经过 1 年的艰苦支撑以后，该公司不得不以失败告终。

在上述案例中，张某的公司股东众多，但是没有明确各股东的职责，管理混乱，最终导致公司难以为继。这表明了股东众多的股权架构十分不利于公司的长期发展。

具体而言，公司股东太多主要有以下两方面弊端。

一方面，股东太多会增加决策成本。如果公司只有 3 名股东，那么股东之间达成一致意见较为容易，公司决策也能够快速落地。而如果公司有 50 名股东，每名股东都有表决权，那么公司决策的流程将会更长，付出的时间成本将会更多。同时，这样的股权架构也容易激化股东之间的矛盾。如果各股东将精力

更多地放在相互博弈方面而忽视了自己的职责，那么将对公司的发展造成阻碍。

另一方面，股东太多会导致公司管理混乱。如果公司股东过多，那么分配股东的权责也会更加困难，可能会导致权责不一致或者权责不清晰的问题。这会造成公司管理上的混乱，不利于公司的长期发展。

因此，创始人需要避免公司股东太多这一问题。如果公司在发展过程中已经引入太多股东，那么一定要厘清各股东与公司之间的关系，明确各股东的职责。另外，不是所有的股东都要参与公司管理，创始人可以在这方面与各股东达成协议，从而控制参与公司决策的股东的数量。

4.1.5　发放太多外部股权

发放太多外部股权也是公司在进行股权分配时容易陷入的一个误区，这个误区尤其容易出现在初创公司中。如果公司缺乏启动资金以及高素质人才，并且无法正确认识到自己的价值，或者不能对股权进行合理规划，那么就很可能出现这样的情况：将大量的股权赋予早期投资者或者早期兼职员工。这不仅会削弱创始人对公司的控制权，还会使整个团队的凝聚力和积极性受到影响。

周某是一家公司的创始人，在创业初期，为了吸引更多员工加入，他总是喜欢找一些比较优秀的兼职员工，并为其发放大量的股权。然而，这些兼职员工既没有负责很多工作，也没有承担经营风险，导致其股权与其所做的贡献严重不匹配。久而久之，全职员工和其他尽心尽力为公司做事的股东便对这一情况非常不满，严重影响了公司内部员工的凝聚力和工作积极性。

后来，周某决定改变股权分配方式。对于兼职员工，他采取了"微股权"的方法，而且为股权设置了相应的成熟机制。如果通过了考察，兼职员工可以转正成为全职员工，到那时，公司会根据情况为他们增发股权。

通过上述案例，我们可以知道，创始人不应该发放过多的外部股权。对于只投入资源但是不负责管理、经营的投资者，创始人最好只给予他们项目提成或其他利益，而不能给予他们股权。尤其是对于兼职员工，创始人最好不要给他们发放股权。因为兼职员工具有很大的不确定性，对公司发展所作出的贡献也十分有限。如果给兼职员工发放太多外部股权，势必会影响公司的稳定和团结。

4.1.6　没有预留股权

在分配股权时，很多创始人一次性将公司所有的股权都分配出去，没有预留股权。事实上，公司的发展是一个动态的过程，这其中有非常多的变数。如果创始人一开始就将公司的股权一次性分配出去了，那么之后再遇到任何变动，就没有调整的空间了。这显然与公司的发展要求不相符，对公司的发展也是不利的。

一般来说，公司在发展的过程中会涉及两大问题，即员工激励和引入新的股东。如果公司在分配股权时没有预留股权，那么在处理以上两个问题时将耗费更多精力。换句话说，预留股权具有两方面的作用。

1. 有利于激励员工

公司的运营和发展最终要靠人来实现，而优秀的员工无疑是实现这一目的的强有力的保障。没有员工的配合，即便创始人有再好的创意，也难以将之转化为实际利益。要想留住优秀的员工，激励优秀的员工为公司的发展积极作出贡献，公司就必须有相应的激励机制。而给员工分配股权就是一种极具吸引力且效果非常明显的激励措施。如今，许多人才不仅看重年薪和福利，还会关注公司能给他们多少股权。因此，如果公司没有预留股权，那么也就难以招聘到所需的优秀人才。

2. 有利于引入新的股东

公司在发展的过程中遇到技术问题或资金问题时，可以通过引入拥有相应资源的股东来解决问题。但是，一般来说，股东入股是想要得到公司的股权。如果公司没有预留股权，那么在后期引入新的股东时，就需要对当前的股权架构进行调整，而这容易导致股权纠纷。

总而言之，公司在进行股权分配时没有预留股权将会影响公司的长远发展。因此公司应该避开这个误区，综合考虑各种因素，为公司的长远发展预留出股权调整空间。

4.1.7 不重视股权分配的法律手续

即使公司设计出了完善的股权架构，但如果只是口头协议，而不以股权协议书的形式落实，那么不仅会导致各股东之间职责不明、股东之间相互推诿，还会影响股东利益分配的公平、公正，不利于公司的长远发展。

为此，公司在设计好股权架构后，一定要整理出一份详细的股权协议书，明确各股东的职责、利益分配、退出机制等内容。下面是一份股权协议书模板，可以为股东拟定股权协议书提供参考。

股权协议书

甲　　方：　　　　　　　住　　　址：

身份证号：　　　　　　　联系电话：

乙　　方：　　　　　　　住　　　址：

身份证号：　　　　　　　联系电话：

一、公司管理及职能分工

1.公司设董事会，董事会成员由甲、乙双方组成，经选举，＿＿＿＿ 为董事长，＿＿＿＿ 为董事，任期均为两年。

2.聘任 ＿＿＿＿ 为公司总经理，负责公司整体的日常运营和管理，具体职责包括：

（1）办理公司设立登记手续；

（2）根据公司实际运营需要有计划地招聘员工；

（3）审批日常事项（涉及公司发展的重大事项，财务审批权限为 ＿＿＿＿ 元人民币以内，超过该权限数额的，须经甲、乙双方共同签字认可，方可执行）。

3.聘任 ＿＿＿＿ 为公司副总经理，具体负责：

（1）对另一方的运营管理工作进行必要的协助；

（2）检查公司财务工作；

（3）监督另一方是否尽职尽责。

4. 重大事项处理

遇有如下重大事项，须经由董事会达成一致决议后方可进行：

（1）拟由公司为股东、其他公司、个人提供担保的；

（2）决定公司的经营方针和投资计划；

（3）《公司法》第三十七条规定的其他事项。

二、盈亏分配

1. 利润和亏损，甲、乙双方按照实缴的出资比例分享和承担。

2. 公司税后利润，在弥补公司前季度亏损，并提取法定公积金（税后利润的 10%）后，方可进行股东分红，股东分红的具体制度为：

（1）分红的时间：每季度第 1 个月第 1 日分取上个季度利润。

（2）分红的数额为：上个季度剩余利润的 60%，甲、乙双方按实缴的出资比例分取。

（3）公司的法定公积金累计达到公司启动资金的 50% 以上，可不再提取。

3. 转股或退股的约定

（1）转股：合同签订起 ＿＿＿ 年内，股东不得擅自转让股权。自第 ＿＿＿ 年起，经其他股东同意，一方股东可进行股权转让，此时未转让方对拟转让股权享有优先受让权。

若一方股东将其股权转让予其他股东导致公司性质变更的，转让方应负责办理相应的变更登记等手续；若因该股权转让违法导致公司丧失法人资格的，转让方应承担主要责任。

若拟将股份转让予第三方的，第三方的资金、管理能力等条件不得低于转让方，且应另行征得未转让方的同意。

转让方违反上述约定转让股权的，转让无效，转让方应向未转让方支付违约金 ＿＿＿ 元。

（2）退股：一方股东，须先清偿其对公司的个人债务（包括但不限于该股东向公司借款，该股东行为使公司遭受损失而须向公司赔偿等）且征得其他股东的书面同意后，方可退股，否则退股无效，拟退股方仍应享受和承担股东

的权利和义务。

4. 增资

若公司储备资金不足，需要增资的，各股东按出资比例增加出资。若全体股东同意，也可根据具体情况协商确定其他的增资办法。若增加第三方入股，第三方应承认本协议内容并分享和承担本协议下股东的权利和义务，同时入股事宜须征得全体股东的一致同意。

甲方（签章）：　　　　　　　　　乙方（签章）：

签订时间：＿＿＿ 年 ＿＿＿ 月 ＿＿＿ 日

4.2

股权风险规避指南

设计股权架构是一件十分严谨的事情，如果没有注意其中的细节，就有可能引发法律风险。同时，公司处于不断发展中，如果股权架构没有随之进行调整，那么也将成为公司发展的阻力。

4.2.1 股权代持的风险及规避措施

股权代持指的是实际出资人向公司出资，但是不将自己登记为公司的股东，而是委托他人，即名义股东作为公司各类文件中登记的股东。名义股东虽然没有出资，但拥有股东权利并履行股东义务。这一方式便于公司引入新股东，但也存在一定的风险，主要表现在以下 4 个方面。

1. 来自股权代持协议的风险

来自股权代持协议的风险包括两个方面：一方面，协议在设计上不符合法律规定，导致协议无效；另一方面，股权代持协议涉及的目标公司注销、破产，影响股权代持的实现。

2.来自名义股东的风险

来自名义股东的风险表现在 3 个方面：第一，名义股东自身有外部债务，将代持股权作为担保。这样一来，代持的股权有可能面临被处分的风险。第二，名义股东收到出资款后，没有将出资款注入公司，侵占了实际出资人的资产。第三，公司将投资收益先转给名义股东，名义股东没有支付给实际出资人。

3.来自实际出资人的风险

《公司法》第三条第二款规定："有限责任公司的股东以其认缴的出资额为限对公司承担责任；股份有限公司的股东以其认购的股份为限对公司承担责任。"实际出资人按股权代持协议中约定的金额认缴出资，一旦实际出资人拒绝出资，名义股东就必须承担出资义务。

4.来自第三方的风险

来自第三方的风险比较复杂，存在 4 种情形：第一，名义股东的代持股权被债权人申请了强制执行，这样代持股权就可能被第三方处分；第二，名义股东离婚或去世，其继承人要求处分代持股权，这样代持股权也可能被第三方分割；第三，名义股东自身涉及清算，代持股权可能被纳入清算资产中，被抵债处理；第四，实际出资人想要成为公司的股东时，如果公司内部其他股东行使优先购买权，可能会使实际出资人无法顺利显名登记。

对于上述的 4 种风险，实际出资人可以采取以下 3 种预防策略。

1.选择合适的代持主体

针对名义股东恶意侵占财产等问题，实际出资人需要选择可信任的代持主体。实际出资人可选择的可信任的代持主体有以下 4 类：第一，信用等级佳的代持主体；第二，经济活动不频繁的代持主体；第三，自然人；第四，近亲属、朋友。

2. 签署完善的股权代持协议

签署完善的股权代持协议是非常重要的，股权代持协议不仅要明确名义股东与实际出资人的责任、权利、义务，还要约定违约责任和纠纷处理办法。

3. 代持合同履行期间的监督

除了完善协议外，协议的监督和落实也非常重要。股权代持的周期一般比较长，中间会发生许多变化。实际出资人需要监督名义股东履行代持义务和行使权利的情况，以便规避股权代持的风险。

4.2.2　平衡股权架构与公司发展

公司在设计出完善的股权架构后，还要对股权架构进行动态优化。随着公司的发展，不同股东对于公司的贡献也在发生变化。有的股东早期积极参与公司管理，后期没有参与公司管理；有的股东早期对公司的贡献较小，后期对公司的贡献较大。因此，过早固化股权分配模式，忽视对股权架构的调整，将为公司的发展埋下隐患。

为了平衡股权架构与公司发展的关系，公司需要动态分配股权。动态分配股权指的是对股东的股权进行动态调整，即各股东的股权不是一次性确定的，而是要根据公司的发展不断调整股东的持股比例，其目的是向各股东公平分配公司的利润。

那么，公司应该怎样设计股权的动态分配机制？

在创立之初，公司可以通过股东合作协议达成对部分股权的预留约定，如约定预留 15% ～ 20% 的股权，再根据公司目标进度、整体业绩、发展水平，同时结合各股东的贡献值，将预留的这部分股权按照一定的比例再次进行分配。而如果在公司创立之初已经将所有股权分配完毕，那么在公司发展过程中，也可以依据全体股东商定的协议，以不同股东的贡献值大小为原则对现有股权架构进行调整。

此外，股权动态调整贯穿公司发展的始终。不论公司处于创立初期还是处于发展成熟阶段，都需要根据发展规模、发展需求的变化适时进行股权架构调整，最大限度地使股东的付出与回报成正比，从而激发股东的工作热情，推动公司良性发展。

4.3

案例汇总：不可不知的股权之争

当前市场中，许多公司都因股权架构问题而产生股权争斗，最终导致公司倒闭或者创始人不得不辞任。以下案例对于公司设计股权架构、规避股权风险十分具有借鉴意义。

4.3.1　西少爷：缺少决策人，创业团队难长久

西少爷曾经是市场中十分火爆的一个肉夹馍品牌，但是因为其成立之初的股权架构不完善，导致后期创业团队分崩离析，也使公司的发展一度停滞。

在品牌创立之初，西少爷的创业团队有 3 个人，分别是孟兵、宋鑫、罗高景，他们的持股比例分别为 40%、30%、30%。门店开业之后，凭借营销优势，西少爷获得了快速发展，生意日渐兴隆。

随后，西少爷获得了不少投资人的关注，估值一度突破 4 000 万元。而此时创业团队中的 3 人也有意引入投资，扩大业务。然而，就在引入投资、协商股权的过程中，创业团队成员之间的矛盾被彻底激化了。

在日常工作中，孟兵负责品牌营销，罗高景负责店面运营，宋鑫负责供应链管理。在决定引入投资人后，孟兵则以 CEO 的身份和投资人沟通投资事项。而依照最初设计的股权架构，西少爷团队中并没有一个明确的决策人。

在这期间，为了便于融资之后的团队管理，孟兵提出要拥有 3 倍的投票权，而宋鑫和罗高景对孟兵的这一要求都表示不能接受。经过多次协商，罗高景同

意孟兵拥有 2.5 倍的投票权，而宋鑫始终不同意孟兵比他们拥有更多的投票权。

为了解决这一问题，尽快与投资人签订合约，孟兵提出以 27 万元收购宋鑫手中 28% 的股权，使其保留 2% 的股权，但没有得到宋鑫的同意。宋鑫提议每年签一份协议，按公司估值的一定折扣价转让部分股权，孟兵不同意。

因股权纷争，西少爷团队很难作出统一的决策，公司的发展也一直停滞不前。最终，团队成员之间的矛盾彻底爆发，在股东会议上，经大股东投票，宋鑫被迫离开公司管理层。

资料来源：仟律网《餐饮典型"西少爷"的股权纠纷之争》

以上案例中存在严重的股权架构问题，给其他公司设计股权架构作出了警示。一方面，平均化的股权架构并不可取，一旦股东之间发生矛盾，就很容易形成僵局，创始人一定要保证自己的控制权和决策权；另一方面，在创业之初，各位股东就要约定好退出机制，避免日后有股东退出时，因退出条款不明而引起纷争。

4.3.2　去哪儿网：股权稀释，创始人最终出局

公司在发展的过程中往往会引入新股东和新资本，而创始人的股权难免会被稀释。如果创始人没有采取有效的方法保障自身的控制权，那么手中的权力将会被一点点分走，最终丧失对公司的控制权，甚至被迫出局。以去哪儿网为例，其股权变动的过程也是创始人逐渐丧失对公司的控制权，最后被迫出局的过程。

2005 年，庄辰超与几位好友一起创办了旅游搜索引擎去哪儿网。凭借多样的旅游功能，平台一上线就吸引了广泛关注。去哪儿网主要包括以下 3 个功能。

（1）推出签证搜索频道。用户登录网站后，可以在网站中了解去不同国家旅游的签证事项，包括签证时间、受理地点、需要准备的资料和费用等。

（2）推出国际航班搜索服务。用户可以在网站中搜索到世界范围内主要城市的航班情况。

（3）推出旅游管理软件。用户可以通过软件定制自己的旅行计划，如什么时间出发、什么时间到达、入驻哪家酒店等。

在以上 3 个主要功能的基础上，去哪儿网不断完善度假攻略、机票预订等功能，逐渐吸引了众多用户。2010 年，去哪儿网已经成为当时最大的中文酒店点评平台。在此基础上，去哪儿网开始由旅游搜索引擎发展为在线旅游媒体。2013 年，去哪儿网成功赴美上市，市值突破 50 亿美元。

虽然去哪儿网发展得越来越好，但其成功的背后也隐藏着危机。而股权架构引起的危机最终让创始人庄辰超被迫出局。

自 2007 年起，去哪儿网先后接受了一笔 1 000 万美元以及一笔 1 500 万美元的融资。融资完成后，虽然庄辰超依然手持大部分股权，但其对公司的控制权已经有所削弱。

2011 年，百度表明了想要投资去哪儿网的意向。考虑到公司今后的发展，庄辰超接受了百度 3.06 亿美元的投资，百度获得了去哪儿网 62% 的股权。而此时庄辰超所持的股权只剩下 7%。

虽然去哪儿网官方曾强调百度入股公司后不会干涉公司的运营，但股权的大幅降低严重影响了庄辰超对于公司的管理。在公司成功上市之后，庄辰超由公司的创始人变为职业经理人。

那时在线旅游市场的竞争十分激烈，去哪儿网需要面对一个十分强大的竞争对手——携程。携程先于去哪儿网创立，实力强劲，在用户数量、资金储备等方面十分具有竞争优势。

在看到去哪儿网的发展潜力后，携程的创始人梁建章有意收购去哪儿网。在百度未入股去哪儿网之前，他就向庄辰超表示了收购意向。但因为经营理念不同，庄辰超并未同意。而在百度入股去哪儿网之后，梁建章直接找到了百度，表明自己有意收购去哪儿网。此时百度与庄辰超的经营理念也产生了分歧，同时百度在线旅游业务运营利润率大幅下滑。在这种情况下，百度欣然接受了梁建章的提议。

2015 年 10 月，百度与携程达成股权置换协议。百度将去哪儿网 1.79 亿股 A 类普通股以及 1.45 亿股 B 类普通股置换为携程增发的普通股 0.11 亿股。交易完成后，百度拥有携程 25% 的股权，成为携程最大股东，而携程则拥有

去哪儿网 45% 的股权，成为去哪儿网的最大股东。

因为这一系列股权变动，携程成了去哪儿网的实际控制人，而在梁建章与庄辰超经营理念不合的情况下，庄辰超无法继续按照自己的经营理念经营公司。最终，2016 年 1 月，庄辰超正式卸任去哪儿网 CEO 一职。

资料来源：腾讯新闻《庄辰超：开挂一样的创业人生》

在上述案例中，庄辰超最终离职的原因就在于失去了对公司的控制权。在公司发展的过程中，股权变更、股权稀释等都可能导致创始人失去对公司的控制权。为了避免这种风险，创始人要在公司发展前期就在动态股权调整方面做好设计与安排。

那么，创始人如何保证自己在股权被稀释的情况下依旧拥有对公司的控制权呢？

1. 签订合伙人制度协议

为了保障对公司的控制权，公司的创始人可以和合伙人签订合伙人制度协议，确保合伙人和自己在大方向上的一致性。在合伙人制度下，董事会一定数量（一般过半数）的董事可以由创始股东团队或创始人委派。

例如，阿里巴巴实行合伙人制度，在合伙人制度下，公司的创始团队及现有的核心高管召开合伙人会议，由合伙人会议提名公司多数董事，而不是按照各股东持有股权比例分配董事提名权。这样，即使创始人拥有再少的股权，仍能控制董事会，从而拥有公司的运营决策权。

2. 将小股东的表决权归集起来

创始人可以将小股东的表决权归集起来统一表决，这样可以增加创始人在股东会上实际拥有的表决权的数量，保证创始人对公司的实际控制权。归集小股东表决权的具体方式主要包括以下两种。

（1）签订表决权委托协议，即小股东签署授权委托协议将其所持股权的表决权授予创始人行使。

（2）小股东通过一家持股实体（有限责任公司或有限合伙企业）间接持

有公司的股权，创始人通过成为该持股实体的法定代表人、唯一的董事、唯一的普通合伙人或执行事务合伙人，实际控制并行使持股实体所持有的公司股权的表决权。

3. 签订多倍表决权的协议

多倍表决权是通过增加创始人所持表决权数量来增加其在股东会表决时的权重。多倍表决权的具体操作方式为：其他股东所持股权仍为一股一票，但创始人所持股权为一股数票。

4. 签订创始人否决权协议

如果说上面 3 种方式是增加创始人控制权的进攻性策略，那么创始人否决权则是增加创始人控制权的一种防御性策略，这种策略能很好地弥补上述方式的不足。签订了创始人否决权协议之后，公司发生的主营业务变更、公司预算决策、重大人事任免等重大事件必须得到创始人的表决同意方可通过并实施。

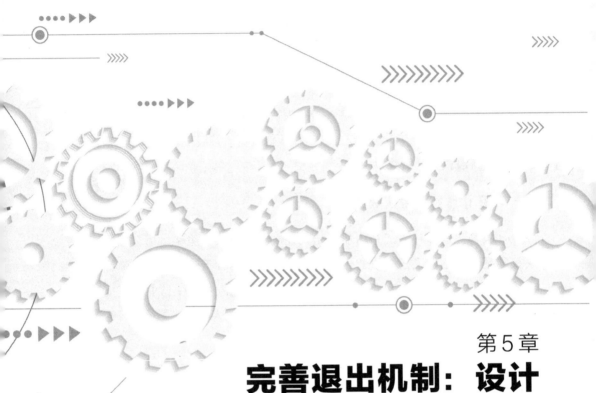

第 5 章

完善退出机制：设计
合理的股东退出通道

在公司发展的过程中，往往会出现原有股东退出的情况。如果没有约定退出机制，那么股东之间难免会产生股权纷争。因此，公司需要建立完善的退出机制，保证股东退出公司时，其所持股权可以得到合理的分配，这样才能够保证公司的稳定发展。

5.1

不同情况下的退出：提前约定＋中途退出＋股东被解雇

在公司经营过程中，股东的退出主要有 3 种情况：提前约定、中途退出和股东被解雇。对于不同的情况，公司应提前制定合理的应对策略，保证股东的平稳退出。

5.1.1　提前约定：保证股东与公司"和平分手"

股东退出公司意味着不再参与公司未来的任何经营活动，为了保证其他股东的正当权益，将股东退出所带来的风险降到最低，一些公司在初创时就会设立退出机制，约定股东退出时的各种问题如何处理。

例如，股东之间可以签订协议，约定任何股东退出时，意味着其放弃股权附属的全部权利。这样既可以对股东有一定的约束作用，又能保证股东与公司"和平分手"。

相反，如果公司事先没有与股东约定退出机制，就很容易导致股东在退出时与公司产生纠纷，一旦事态扩大，就会影响公司的品牌形象，甚至影响公司的正常运转。

某公司的一位股东在办理离职时，要求将他的股权变现。公司按照他在 3 年前认购股权的原价 300 万元以 1∶1 的比例计算退股。

但该股东认为因上一年公司的实收资本由 20 亿元增加到 30 亿元，所以他的股本也应该增加到 450 万元，而且上一年公司的年度每股净资产为 3 元，而并非公司计算的 1 元。按此计算，公司尚有 1 050 万元未兑现给该股东。

该股东最终将公司告上了法庭，要求公司向其追加支付股权回购款 1 050 万元。这起事件在社会上引起了广泛关注，严重影响了该公司的品牌形象。

在这个案例中，显然公司和该股东各有一套说辞，公司事前没有与该股东约定退出机制，该股东觉得自己为公司的付出没有得到应有的回报，最后两方只得不欢而散。因此，提前约定退出机制有利于公司在股东退出时更好地处理股权纷争。

在股东退出公司时，公司往往以回购的方式收回该股东手中的股权。公司对股东股权的回购也可以说是一种买断，即买断股东股权未来的收益。因此，公司需要秉持 1 个原则和 3 种方法。

1 个原则，即承认股东历史贡献。虽然公司的未来发展与退出的股东不再有关系，但公司不能忽略其对公司所作出的贡献。如果公司不能在这个问题上做到公平合理，会很容易激化与退出股东的矛盾，甚至会影响其他在职的股东，让他们对公司失去信心，进而影响公司的发展。

3 种方法，即从源头限制股权权利、分期支付股权和确定具体的退出价格，如图 5-1 所示。

图 5-1　提前约定退出的 3 种方法

1. 从源头限制股权权利

从源头限制股权权利是指股东获得的股权收益是有限制的，一般体现在两个方面：一是获得条件，二是出售条件。

从获得条件来看，这种限制性股权一般用于激励员工，即公司通过检验员工的业绩指标完成度给予其相应的股权奖励。多劳多得确实可以激发员工更加努力工作，但公司同时也要加强管理，避免恶性竞争。

从出售条件来看，股票市价、年限、业绩等都可以成为出售条件。例如，公司可以规定限制性股权的禁售年限为 1 年，这样一来就避免了股东一获得股权就将其随意抛售这一问题，一定程度上增强了股东的稳定性。

公司与股东提前约定获得条件和出售条件，就相当于从源头上规定了股东的业绩标准和在职年限，股东既不可能不劳而获，也不会轻易提出离职。而且如果股东离职也可以按照其业绩标准和工作年限进行量化回购其股权，由此就可以避免股东在离职后因股权问题与公司产生纠纷。

2. 分期支付股权

公司的经营模式不同，所采取的股权分期方式也不同。常见的经营模式有 4 种。

（1）分工协作。分工协作是指公司在经营过程中尽可能与大公司合作，避免在业务上与大公司直接竞争，而是做大公司发展中不可或缺的助力。

（2）特许权。特许权也就是常见的连锁经营的一种形式，它是指公司将自己拥有的商标、产品和专利技术等，以签订合同的方式授权给其他人，让其按照规定支付相应的费用并在统一的业务模式下从事经营活动。

（3）利基。利基指公司有侧重地选择一个特殊的利基市场，重点经营某一种产品或服务，打造自己的绝对竞争力，以满足消费者的多层次需求。

（4）虚拟。虚拟是物质型经济向知识型经济转变的产物。这种经营模式下的公司只掌握核心功能，即公司发展中高增值的部分，如知识、技术等，其他低增值的部分则全部被虚拟化，以此最大限度地合理利用公司资源。

这几种经营模式的市场定位、运营方式和经营理念都不相同，公司可以根据具体情况分期支付股东的股权，常见的股权分期方式有 4 种。

（1）分期 4 年，每年兑现给股东 1/4 的股权。

（2）股东必须工作满两年，两年之后兑现 50% 的股权，第 3 年、第 4 年

分别兑现 25%。

（3）按照股东工作的年限逐年增加，即第 1 年 10%、第 2 年 20%，以此类推。

（4）股东必须工作满 1 年，1 年后兑现 1/4 的股权，剩下的股权每个月兑现 1/48。

这 4 种分期方式几乎都直接或间接地规定了股东获得股权的条件之一就是工作至少满 1 年，而工作的时间越长，股东得到的股权就越多，这大大增加了股东与公司的黏性。另外，股东在离职后，公司也能根据其工作年份计算回购的价格，避免了不必要的纠纷。

3. 确定具体的退出价格

确定具体的退出价格是公司在和股东提前约定退出机制时最应探讨的问题。股权的价格会随着公司的发展逐渐变化，如股东购入股权时的价格是 1 元 / 股，公司发展几年后股权的价格就变成 2 元 / 股。所以公司在确定具体的退出价格时要考虑两个因素：一是退出价格的基数，二是溢价或折价的倍数。

公司提前与股东确定好具体的退出价格，股东在退出时就能有据可依。具体的回购价格是以双方都认可的方式计算出的，这样能在一定程度上避免公司和股东在回购价格上发生冲突。

5.1.2　中途退出：三种情况下可以中途退出

公司在发展过程中，由于公司经营不善或股东个人资金周转不畅等问题，股东可能会要求中途退股。但《公司法》第三十五条规定："公司成立后，股东不得抽逃出资。"所以公司股权是不能退回的，只能转让，常见的中途退股的清算方式有两种。

1. 某股东退股，由其他股东接收

在这种情况下，公司不需要对资产进行清算，只需要根据公司现有的净资产做转让所得与损失处理。

2. 股东决议，不继续经营

在这种情况下，公司需要对资产进行清算并请中介机构出具清算报告。清算的目的是分配财产。《公司法》第一百八十六条规定："公司财产在分别支付清算费用、职工的工资、社会保险费用和法定补偿金，缴纳所欠税款，清偿公司债务后的剩余财产，有限责任公司按照股东的出资比例分配，股份有限公司按照股东持有的股份比例分配。"

一般而言，在以下 3 种情况下，股东可以中途退出。

1. 股权转让

股东可以通过股权转让的方式中途退出。股权转让有两种方式：一种是股东之间转让，另一种是向股东以外的人转让。

（1）股东之间转让。《公司法》第七十一条第一款规定："有限责任公司的股东之间可以相互转让其全部或者部分股权。"这种转让方式是公司内部股东的个人行为，不需要征求其他股东同意。

但《公司法》第七十一条第四款规定："公司章程对股权转让另有规定的，从其规定。"所以一些公司为了避免公司内部控股权之争，往往会在公司章程中作出相关的规定去控制股东的这种内部转让行为。

（2）向股东以外的人转让。《公司法》第七十一条第二款规定："股东向股东以外的人转让股权，应当经其他股东过半数同意。股东应就其股权转让事项书面通知其他股东征求同意，其他股东自接到书面通知之日起满三十日未答复的，视为同意转让。其他股东半数以上不同意转让的，不同意的股东应当购买该转让的股权；不购买的，视为同意转让。"

2. 申请退股

《公司法》第七十四条规定了有限责任公司股东在 3 种法定情形下才可以退股："（一）公司连续五年不向股东分配利润，而公司该五年连续盈利，并且符合本法规定的分配利润条件的；（二）公司合并、分立、转让主要财产的；（三）公司章程规定的营业期限届满或者章程规定的其他解散事由出现，股东会会议通过决议修改章程使公司存续的。自股东会会议决议通过之日

起六十日内，股东与公司不能达成股权收购协议的，股东可以自股东会会议决议通过之日起九十日内向人民法院提起诉讼。"

如果在规定限期内，股东与公司不能达成股权收购协议，股东则可以向人民法院提起诉讼。

因此，在公司还能存续的情况下，上述的 3 种情况发生的概率很小，所以股东不能轻易提出退股，相关法律也不会予以支持。

3.解散公司

公司解散有以下两种情况。

（1）根据公司章程规定或股东会议决议而解散公司。《公司法》第一百八十条规定："公司因下列原因解散：（一）公司章程规定的营业期限届满或公司章程规定的其他解散事由出现；（二）股东会或者股东大会决议解散；（三）因公司合并或者分立需要解散；（四）依法被吊销营业执照、责令关闭或者被撤销；（五）人民法院依照本法第一百八十二条的规定予以解散。"

由此，股东会决议解散公司实际上是股东通过这种方式取得了依法退股的资格，在公司清算完各项费用、职工工资以及债务后，剩余所得可以由股东按比例进行分配。

（2）特殊情况下股东可申请人民法院强制解散公司。《公司法》第一百八十二条规定："公司经营管理发生严重困难，继续存续会使股东利益受到重大损失，通过其他途径不能解决的，持有公司全部股东表决权百分之十以上的股东，可以请求人民法院解散公司。"

若公司最后没有解散，申请解散的股东可以将自己的股份转让给其他股东或第三人，以这种方式退掉自己的股份。

5.1.3 股东被解雇：规避后续风险

随着公司的发展壮大，公司需要引进更多的人才来维持公司的正常运转。同时，很多公司还会面临一个问题，即一部分老员工已经不再适合公司现在发展的需要，或者在工作上有重大过失影响公司的正常经营，但是这一部分人可能是有管理职务的股东，所以公司不能随意将其解雇。这一问题往往会严重阻碍公司的经营与发展。

梁某在某电器连锁公司拥有 5% 的股权，同时又是该电器公司一家分店的经理。工作 1 年后，梁某开始兼职从事保险销售工作。1 年之内，梁某与其所管辖分店的下属员工签了 6 份保险合同。

之后，该电器连锁公司总部接到匿名举报，称梁某滥用职权向下属员工推销保险。公司以梁某滥用职权向下属员工销售保险，严重违反公司的规章制度和劳动合同为由，解除了梁某的劳动合同，并以其损害了公司其他股东的利益为由，单方面通知梁某撤销其股东资格，梁某的原有股份由其他股东作价购买。

梁某则认为自己兼职售卖保险并没有给公司带来损失，不认可公司的处理决定，于是向劳动争议仲裁委员会提出申诉。仲裁委员会判决该电器连锁公司赔偿梁某 18 万元经济补偿金。

然而双方对仲裁结果都不满意，于是向当地人民法院提起诉讼。当地人民法院审理后认为该电器连锁公司对高级管理人员兼职确实有过明确的规定且已公示，所以理应对梁某进行约束。

《中华人民共和国劳动合同法》第三十九条规定："劳动者有下列情形之一的，用人单位可以解除劳动合同：（一）在试用期间被证明不符合录用条件的；（二）严重违反用人单位的规章制度的；（三）严重失职，营私舞弊，给用人单位造成重大损害的；（四）劳动者同时与其他用人单位建立劳动关系，对完成本单位的工作任务造成严重影响，或者经用人单位提出，拒不改正的；（五）因本法第二十六条第一款第一项规定的情形致使劳动合同无效的；（六）被依法追究刑事责任的。"

梁某确实违反了劳动合同，该电器连锁公司解除其职务并无不当，而且不需要向其支付经济补偿金。但按照《公司法》第四条的规定："公司股东依法享有资产收益、参与重大决策和选择管理者等权利。"所以公司不能随意开除任何股东。

最后，法院判决该电器连锁公司可以与梁某解除劳动合同且不需要支付赔偿金，但关于撤销其股东身份的决定，公司需要撤回。

案例中的公司虽不需要支付梁某赔偿金，但并没有成功撤销其股东身份。梁某虽然不继续在公司任职，但依然是公司的股东，依法享有公司决策参与权、利润分配权、优先认股权和剩余资产分配权。也就是说，梁某依然可以在年底分红，并且在股东大会上拥有建议、表决、选举等为公司重大事项决策的权利。

梁某的股东身份对于公司的其他股东来说不公平，《公司法》第四十三条第二款规定："股东会会议作出修改公司章程、增加或者减少注册资本的决议，以及公司合并、分立、解散或者变更公司形式的决议，必须经代表三分之二以上表决权的股东通过。"这意味着，针对股东需要表决的重大事项，如果梁某不签字同意，创始人在进行决策时就可能会受到牵制，有碍公司的进一步发展。

为了规避以上问题，公司需要制定相应的防范措施。例如，公司可以在公司章程中加入除名条款，规定好解雇股东的条件、流程，以及股东被解雇后股权的处理方法等。另外，在实际解雇股东的过程中，还可以向法律专业人士寻求指导。有了公司章程作为理论依据，以及法律专业人士作为保障，解雇股东往往可以顺利进行。

即使股东是因为被解雇而退出公司，公司也应该合理、合法地为其分配其应得的股权和利益。只是被解雇的股东所应分得的股权及分红都会相应地减少。当公司出现解雇股东的情况时，意味着股权架构需要重组，股权需要重新分配。所以，在解雇股东之后，公司也需要对资产和负债重新确认与评估。

股东被解雇退出公司虽然会对公司造成一定的影响，但是从长远来看，清除掉对公司产生不利影响的股东，能够保证公司其他股东的利益，有利于公司的长远发展。

5.2

关注退出机制细节，保障公司利益

对于公司而言，股东的退出可能会引起公司动荡，甚至使公司的发展陷入困境。为了降低股东退出给公司造成的影响，在制定退出机制时，公司需要综合考虑多种情况，设计完善的退出机制。

5.2.1 公司发展困难时，限制股东退出

股东入股大多是因为看好公司的发展前景，当公司前景不明朗时，股东一般会及时止损，提出退出的申请。股东在公司发展困难期退出无疑会让公司雪上加霜，所以，为保证公司的长久发展，创始人需要提前建立一套完善可行的退出机制。

张某、钱某、李某 3 人合伙开了一家舞蹈工作室。3 人各出资 10 万元，为便于分配股权，3 人约定张某持股 34%，钱某和李某各持股 33%。因 3 人关系要好，因此在口头约定好股权分配方案后，并没有约定相应的退出机制。

前期准备时，店铺租金花费 10 万元，装修花费 3 万元，购买服装、道具等花费 2 万元。开业后，因前期宣传、准备得不够充分，所以招生情况并不理想。一段时间后，钱某对工作室的发展丧失了信心。

最后，钱某提出了退出。因当初没有制定退出机制，所以张某与李某只能同意其退出，并退回其当初入股的 10 万元资金。随后，资金短缺让工作室陷入危机，而张某与李某苦苦支撑了几个月也终究没能让工作室"起死回生"。

在以上案例中，因 3 人在创业前没有设计退出方案，所以在公司亏损时，钱某的退出给公司带来了致命的打击。一些公司的股东因相互之间关系亲近，在公司成立初期为了不损伤相互之间的感情，并没有约定退出机制。然而到了后期公

司出现亏损或股东之间出现分歧时，任一股东的突然退出都很可能给公司带来致命性打击。

因此，在公司成立之前，股东之间就要针对退股、转让股权以及退股后如何分配利润等问题，制定一份协议，建立成熟的合作机制。

没有人能保证公司一直会稳步上升，随着政策和市场的变化，公司有可能获得盈利，也有可能亏损。公司想要平稳度过低谷期，在建立退出机制时就要考虑以下两个因素。

1. 股东可以退出，但不能带走股份

在公司亏损时提出退出的股东大多没有想和公司一起成长，而其初期的投资行为也可以算作一种投机行为。而且从情感方面考虑，对于这样的股东，公司也没有必要挽留。但是，为了避免公司的资金链出现问题，影响公司的存续，公司要在退出机制中约定股东在公司亏损的状况下退出不能带走公司的启动资金和股份。

2. 规定资金占股与参与占股分离

在公司初创时，大多数股东会选择按出资比例分配股权。这种分配方式看似很合理，但在公司经营过程中，人力的作用逐渐加大，这种分配方式会让一些投入人力较多的股东产生不平衡感。

所以，为了避免股东产生不平衡感，规定资金占股与参与占股分离是非常有必要的。资金占股与参与占股的具体比例可以根据公司具体情况确定。一般都是资金股占比较小，人力股占比较大，这样既保证了公司在低谷期时股东不会带走太多股份，又能调动股东的工作积极性。

5.2.2 公司发展稳定时，溢价回购股权

公司在发展稳定时，往往通过溢价回购的方式搭建股东的退出通道。例如，股东在购买股权时出资 50 万元，后因公司发展需要，公司出资 150 万元回购其股权，较股东的购买价格多了 100 万元，这就属于溢价购买。

回购股权除了可以让股东顺利退出外，还有助于公司调整长期发展规划，使公司实现更好的发展。同时，公司大规模地回购股权，是公司股价被低估的一种信号。溢价回购常伴随着公司股份的增持。这有利于提升投资者的信心，给公司带来长足的发展。下面是2018年探路者股权回购的方案，可以为公司溢价回购股东的股权提供参考与借鉴。

探路者股权回购方案

1. 回购股权的目的和用途

为了进一步建立健全公司长效激励机制，吸引和留住优秀人才，充分调动公司高级管理人员、核心及骨干人员的积极性，有效地将股东利益、公司利益和核心团队个人利益结合在一起，使各方更紧密地合力推进公司的长远发展，本次回购的股权将用作员工持股计划或股权激励计划，提请股东大会具体授权董事会依据有关法律法规决定实施方式。

2. 回购股权的方式

通过深圳证券交易所交易系统以集中竞价交易、大宗交易或法律法规允许的其他方式回购公司股份。

3. 回购股份的价格或价格区间、定价原则

为保护投资者利益，结合近期公司股价，回购股份的价格不超过6元/股。

4. 回购资金总额及资金来源

回购资金总额不超过人民币5 000万元（含5 000万元）且不低于3 000万元（含3 000万元），具体回购资金总额以回购期满时实际回购的资金为准；资金来源为自筹。

5. 拟回购股份的种类、数量及比例

（1）本次回购的种类为境内上市人民币普通股（A股）。

（2）在回购资金总额不超过人民币5 000万元（含5 000万元）且不低于3 000万元（含3 000万元）、回购股权价格不超过人民币6元/股的条件下，预计回购股权不超过833万股，占公司目前已发行总股本比例约0.93%。

具体回购股权的数量以回购期满时实际回购的股权数量为准。若公司实施派息、送股、资本公积金转增股本、股票拆细、缩股及其他等除权除息事项，

自股价除权除息之日起，按照中国证监会及深圳证券交易所的相关规定做相应调整。

6. 回购股权的期限

本次回购股权的实施期限为自股东大会审议通过本次回购股权方案之日起不超过12个月。

（1）如果触及以下条件，则回购期限提前届满。

第一，如果在此期限内回购资金使用金额达到最高限额，则回购方案实施完毕，即回购期限自该日起提前届满。

第二，公司董事会决定终止实施回购事宜，则回购期限自董事会决议生效之日起提前届满。

公司将根据股东大会和董事会授权，在回购期限内根据市场情况择机作出回购决策并予以实施。

（2）公司不得在下列期间回购公司股票。

第一，公司定期报告或业绩快报公告前10个交易日内。

第二，自可能对本公司股票交易价格产生重大影响的重大事项发生之日或者在决策过程中，至依法披露后2个交易日内。

第三，中国证监会及深圳证券交易所规定的其他情形。

7. 决议的有效期

与本次回购相关的决议自公司股东大会审议通过回购股权方案之日起12个月内有效。

资料来源：《探路者控股集团股份有限公司回购股份报告书》

探路者作为国内首家上市的户外用品公司，在国家大力提倡健康、绿色生活方式的大环境下，势必迎来公司发展的提速期。公司想要坐稳行业领军者的位置，就要适时地增强投资者的信心。

而在这时推出股权回购计划并以溢价购买的方式激励员工，无疑是公司对未来前景以及自身价值的高度认可。这将大大增强投资者的信心，也有利于公司迎来新一轮的健康发展。

5.2.3　限制转让股权，维护公司稳定

对股东转让股权的行为进行限制是降低股东退出的影响、维护公司稳定的重要方式。在股权转让方面，具体的限制有以下几种。

1. 封闭性限制

封闭性限制是指当股权接手人是公司股东以外第三人时，必须经半数以上的股东同意。若有股东不同意，则需要出资购买股权；如不出资，则视为同意转让。

2. 股权转让场所的限制

《公司法》第一百三十八条规定："股东转让其股份，应当在依法设立的证券交易场所进行或者按照国务院规定的其他方式进行。"第一百四十条规定："无记名股票的转让，由股东将该股票交付给受让人后即发生转让的效力。"因此，股权出让方与接手人必须在法律规定的证券交易场所进行股权转让。

3. 发起人持股时间的限制

《公司法》第一百四十一条第一款规定："发起人持有的本公司股份，自公司成立之日起一年内不得转让。公司公开发行股份前已发行的股份，自公司股票在证券交易所上市交易之日起一年内不得转让。"因此持有股权 1 年以上的股东才可以转让股权。

4. 董事、监事、经理任职条件的限制

《公司法》第一百四十一条第二款规定："公司董事、监事、高级管理人员应当向公司申报所持有的本公司的股份及其变动情况，在任职期间每年转让的股份不得超过其所持有本公司股份总数的百分之二十五；所持本公司股份自公司股票上市交易之日起一年内不得转让。上述人员离职后半年内，不得转让其所持有的本公司股份。公司章程可以对公司董事、监事、高级管理人员转

让其所持有的本公司股份作出其他限制性规定。"

对高级管理人员作出股份转让的限制，是为了其防止泄露公司的内部信息，从而保护其他股东的利益。

除了以上限制外，公司还可以设置更加细化、完善的股权转让限制条款，具体有以下 3 种。

1. 在股东未认购时，不得向非股东转让股权

很多人认为，既然股东想要退出，那就把他的股权转让出去即可，为什么还要对他的退出进行一些限制呢？例如，在股东未认购时，不得向非股东转让股权。其实理由很简单，当公司的上市预期不明朗，股东试图退出时，如果把股权转让给非股东，很可能会带来一定的隐患。而且很多规模比较大的公司对少量股权根本不感兴趣，多数时候会要求整体购买。

如果让退出的股东把股权转让给非股东，尤其是经济实力比较强大的非股东，那么这个非股东之后也许会把整个公司都买下来，从而对股东和创始人的利益造成影响。因此，对股权转让进行限制其实是在保护股东和创始人。但是如果操作不当，也有可能会起到反作用。北京一家创业公司就发生了因股东将股权转让给非股东，导致创始人与其他股东被"扫地出门"的事情。

一位股东在这家公司拥有非常多的股权，他在退出时把自己的股权转让给了朋友周某。周某能力很强，进入这家公司之后没多久就掌握了大量的业务和客户。半年后，周某重新成立了一家公司，并把这些业务和客户也带了过去。

当创始人和其他股东发觉公司经营出现问题时，已经错过了挽救公司的最好时机。在该公司陷入经营困境时，周某趁机提出要购买整个公司。与此同时，由于周某具有优先清算权，因此公司被出售之后，创始人和其他股东几乎分不到多少钱。而周某又是第三方公司的创始人，所以无疑是这次收购事件的最大受益人。

由此可见，为了防止产生不必要的风险，对股权转让进行限制非常有必要。

从原则上说，创始人不应该让退出的股东把股权转让给非股东，因为公司对非股东没有很深的了解，不确定他进入公司之后会做出什么行为。

2. 公司不回购，其他股东优先购买

在股东进行股权转让时，公司不回购，其他股东优先购买也是一个不错的限制条件。第一，其他股东按照股权比例参与优先购买，可以防止创始人的股权被过度稀释；第二，其他股东自愿优先购买退出股东的全部或者部分股权，可以增加自身的股权占比，在公司中拥有更多话语权。

从表面上来看，第一个方面对创始人更有利，第二个方面对股东更有利。但是归根结底，让股东优先购买股权有利于保持公司的稳定发展和正常运营。

《公司法》第七十一条第三款规定："经股东同意转让的股权，在同等条件下，其他股东有优先购买权。两个以上股东主张行使优先购买权的，协商确定各自的购买比例；协商不成的，按照转让时各自的出资比例行使优先购买权。"

由此可见，对于不影响公司稳定性的内部股东之间的股权转让，法律没有作出强制性的规定，允许其进行友好协商。

另外，虽然其他股东可以优先购买股权，但是要有时间限制。对于创始人来说，让其他股东享受优先购买的权利，如果没有时间限制，那么会造成交易资源的浪费，甚至会进一步危及交易的安全。因此，为优先购买设置一个合理的时间限制非常重要。

3. 原股东不购买，可转让第三方

如果处理得好，股权转让限制对原股东来说非常有优势，其可以享受优先购买等方面的权利。也就是说，有股东要求退出时，公司应该先询问原股东是否要购买股权，这是他们的法定权利，是不能被剥夺的。

但是，如果股权转让与公司外部的第三人相关，那么情况就会大不相同。根据股权转让限制的规定，在进行股权转让的过程中，公司必须通过一定的程序向原股东发送股权转让通知，向其明确转让的股权比例、转让的价格等，同时要求原股东在规定时间内给出答复。

如果原股东同意购买股权，那么直接在公司内部完成转让程序即可；如

果原股东不同意购买股权，那么就视为他们放弃享受优先购买的权利，同意将股权转让给第三方。

在将股权转让给第三方时，公司应该注意三大要点：第一，一旦涉及国有资产，需要遵守《国有资产评估管理办法》的规定；第二，股权转让的价格通常不能低于该股权所包含的净资产的价格；第三，股权转让的具体操作应该符合公司章程的相关规定。

5.2.4　制定退出惩罚机制，降低公司损失

不论股东以何种方式退出公司，其退出行为都会或多或少地影响到公司中其他股东的利益，甚至会影响到整个公司的发展。所以，股东退出公司的行为需要受到约束。而要想达到对股东的退出行为进行约束的目的，最有效的措施就是制定退出惩罚机制。

显然，如果事先没有制定相应的退出惩罚机制，那么也就意味着股东可以随意退出公司。因为即使他们退出了公司，也不会有什么损失。在现实生活中，很多公司的股东和创始人都是亲朋好友。在成立公司之初，创始人觉得大家都是值得信赖的，而且创始人往往碍于情面或担心伤害彼此之间的感情而不愿制定强制性的惩罚措施。正是出于这种观念，很多创始人忽略了退出惩罚机制的制定。

然而，随着时间的推移以及公司的运营发展，一些股东开始频繁"掉链子"，以致严重影响到公司的发展。这时很多创始人才明白当初没有制定退出惩罚机制是一个非常错误的决定。

为了避免股东随意中途退出给公司带来不必要的麻烦，公司在与股东签订入股合同时可以设置一些惩罚机制，约束股东的行为。常见的有以下几种方法。

1.公司股权分期成熟

公司可以规定股权是分期成熟的，股东的股权按照工作年限逐年增加。股东在未够年限时离开，公司可以按照其具体工作年限计算其已经成熟的股权，以双方之前约定的价格回购其股权。

2. 降低分红比例

股东对公司的经营所得享有分红权。这也是股东的收入来源之一。如果公司经营情况良好，股东的分红所得是非常可观的。为了对股东的退出行为起到约束的作用，公司可以考虑降低退出者的分红比例，或者取消其分红资格。如果一家公司经营情况良好，不论是降低股东的分红比例，还是取消其分红资格，都会极大地影响股东的经济利益。相信在经济利益的驱使下，降低分红比例可以对股东的退出行为起到一定的约束作用。

3. 按原股价回购

股东退出公司时，其在公司中所享有的股权可以保留。公司中的其他股东也可以通过股权回购的方式收回退出者手中的股权，防止外界势力介入公司。但是，随着公司的经营发展，股权的价格也会有所变化。

为了约束股东的退出行为，全体股东可以事先制定原价回购退出者股权的条约。公司的经营时间越长，这一规定对于退出者的利益影响也就越明显。

4. 违反规定须赔偿高额违约金

最常见的退出惩罚机制就是在入股合约中设置高额的违约赔偿金，而且赔偿金的数额越大，对股东的约束性越强。当然，赔偿金也不能因此设置成"天价"，这样对小股东是不公平的。最合适的价格是略高于股东退出将会给公司带来的损失，这样既能保护其他股东的权益，又能让退出股东有所损失但不至于无法接受。

需要注意的是，惩罚机制应当对所有股东有效，而不是只约束一部分股东。否则它就失去了公平性，反而不能起到约束股东的作用，而且也不利于团队建立信任感，会严重影响股东之间的合作，从而阻碍公司的发展。

综上所述，在公司没有任何问题的情况下，依照相关的法律规定，股东是不能在合约未到期时申请退股的，只能合法转让或向公司申请回购其股权，这是对其他股东利益的保护。

同样的，当公司经营不善、出现法定退股情形时，股东也可以无视合约

期限申请退股甚至向人民法院提起诉讼，这是对股东个人权益的保护。在公司清算结束后，对相应的债务，股东也要负一部分责任，这可以避免股东躲避债务，不履行责任。

所以，公司建立股东退出机制，是对公司和股东双向的约束，既不能让大股东压榨小股东，也不能让公司因股东的退出而受到恶劣影响。

5.2.5　明确权益与责任，保证公平公正

在股东退出的过程中，如果权益与责任不明，则容易引发股东之间的矛盾，影响股东的顺利退出。那么，公司怎样制定退出机制才能尽可能地避免股东退出时发生矛盾，影响公司的发展呢？有以下两种方法。

1. 建立准许股东退出机制

（1）规定当某一大股东把持公司，导致其他股东的正常权益受到损害时，其他股东可申请退出公司，退出之前必须清算其权益。

（2）规定当某一股东和其他股东发生不可调和的矛盾，无法继续经营公司时，该股东可以申请退出公司，股权由其他股东收购。

（3）规定当公司连续两个财务年度利润收益不达标时，任何拥有股权10% 以上的股东都可以提出公司解散，公司需要依法进行清算。

2. 建立限制股东退出机制

（1）当公司不能清偿其债务时，退股股东也要承担部分清偿责任。

（2）收购公司的价格不能超过公司的净资产，以免损害债权人的利益。

（3）股东退股应当告知公司的债权人，若债权人不同意股东退股，公司需要清偿债权人的债务，然后再继续进行退股工作。

公司想要没有争议地解决股东在合约期内退出的问题，就要制定双向的约束机制。公司要秉持公平合理的态度，在股东可以申请退出的情况下承认其对公司的贡献，用合理的价格回购其股权。但股东不能利用退股逃避自己应担的责任与应尽的义务。

以制度落实：详解退出机制模板

在设计好退出机制后，公司还要以制度的方式将退出机制落实下来。在这方面，公司需要规定好退出机制的各项条款，保证在股东以不同形式退出时，公司都可以从容应对。

5.3.1 3种主要退出机制模板

公司在规定股东的退出机制时，一定要足够细致，把每一种可能发生的情况都考虑进去。常见的股东退出机制有当然退出、除名退出和期满退出，不同的退出机制下，公司需要采取的应对办法也不同。

1. 当然退出

当然退出的股东的权利可以保留，但公司一般会按原价收购其持有的股权，并且不再发放其当年度的红利。对于当然退出，不同的公司有不同的规定。下面是 A 公司对股东当然退出的规定。

A公司股东当然退出机制

（1）股东失去劳动能力。

（2）股东死亡或被宣告失踪。

（3）股东达到法定退休年龄。

（4）股东被依法吊销营业执照或者宣告破产。

（5）股东不能胜任其现有的工作岗位且拒绝服从公司安排，可以经由董事会批准取消其股东资格。

（6）因不可抗力导致突发事件，使本合同无法依照法律继续履行。

（7）其他非因股东个人因素导致劳动合同终止的情况。

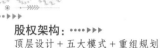

2. 除名退出

对于除名退出的股东，公司可以单方面取消其股东身份，并无偿收回其股权，不再发放当年度红利。另外，如果因为职务过失给公司造成重大损失，股东还需要向公司赔偿。下面是 B 公司的股东除名退出机制。

B 公司股东除名退出机制

（1）股东工作未满 1 年主动辞职。

（2）股东未经公司董事会批准，擅自转让、质押或以其他方式处置其持有股权。

（3）股东严重违反公司的规章制度。

（4）股东滥用职权，给公司造成重大损失。

（5）股东未经公司董事会批准，擅自自营或与他人合营与公司相同或相近的业务。

（6）股东触犯法律，被依法追究刑事责任。

（7）根据公司《绩效考核管理规定》，股东年度考核累计 3 次或月度考核连续两次不合格。

（8）股东因其他个人活动，严重损害公司利益和名誉。

3. 期满退出

期满退出一般是在股东持股超过一定期限后，主动辞职或退出，公司需按现价回购其股权。下面是 C 公司的股东期满退出机制。

C 公司股东期满退出机制

（1）股东在股权期满 10 年后主动辞职或者退休。

（2）公司按现价回购股东持有的股权，股东可以从以下两种方式中自由选择：

第一，公司一次性回购股东持有的所有股权，并按上一年的分红标准支付其 5 年红利；

第二，公司分 5 年回购股东的股权，每次回购 20%，并且股东有权按每次回购时公司上一年度的分红标准分配红利。如果股东在 5 年内死亡，公司则会按现价回购剩余股权，不再分配其红利。

（3）股东必须在 1 个月内作出选择，并书面告知董事会。

（4）若股东未在 1 个月内书面告知公司董事会，公司董事会默认用第一种方式回购其股权。

5.3.2　股东退出协议模板

股东退出协议

甲、乙双方共同经营_____（公司名称），由于_____（某项事由），_____（甲或乙）选择中途退出。双方在相关法律的基础上，遵循互惠互利的原则，共同达成了本协议。协议规定_____（甲或乙）退出后，由_____（甲或乙）独立经营，具体的内容如下：

第 1 条：基本信息。

甲方_____，身份证号码_____。

乙方_____，身份证号码_____。

第 2 条：甲、乙双方的出资额、出资方式以及出资期限。

甲方_____以____方式出资，出资金额共计____元（大写：人民币____元），出资期限为_____年；乙方_____以____方式出资，出资金额共计____元（大写：人民币____元），出资期限为_____年。

第 3 条：退出时的交接盘点以及各项承诺的履行状况。

（1）仓库盘点，库存余额_____元（大写：人民币____元）；公司的盈亏盘点，净利润_____元（大写：人民币____元）。

（2）____（甲或乙）退出，按照共同经营时签订的协议，____（甲或乙）应支付退出方____（甲或乙）_____元的金额（大写：人民币____元）。

（3）退出方要求以现金的形式得到未退出方_____元的金额（大写：人民币____元）。支付期限一共是____天，如果延迟支付或者未支付，则应给予退股方_____元（大写：人民币____元）的违约补偿。

（4）＿＿（甲或乙）退出后的事项。

在公司中推举出清算人，并邀请 ＿＿＿＿＿＿＿＿＿ 作为中间人进行财产清算；财产清算后如果有盈余，则按照拖欠的员工工资与劳动保险费用、拖欠的税款、拖欠的债务、返还退出方出资的顺序进行清偿；公司的固定资产以及不能再继续分割的财产可以作价卖给第三人，然后根据此价款进行清偿；财产清算后如果发现经营亏损，无论出资多少，首先要以退出方的共同财产进行清偿，如果未能全部清偿，则按照出资比例进行债务的分配。

第4条：其他事项。

本协议自相关人士签字盖章后正式生效，一式三份：甲、乙双方以及中间人各执一份。直到＿＿＿（甲或乙）拿到偿还的现金为止。当退出方拿到偿还的现金后，要把本协议返还给＿＿＿（甲或乙）。

甲方：＿＿＿＿＿（签字盖章）　　乙方：＿＿＿＿＿（签字盖章）

＿＿＿年＿＿＿月＿＿＿日　　　　　＿＿＿年＿＿＿月＿＿＿日

中间人：＿＿＿＿＿（签字盖章）

＿＿＿年＿＿＿月＿＿＿日

中篇　股权架构模式解码

第6章

自然人股权架构：
股权关系更清晰

在众多股权架构模式中，自然人股权架构是最为常见的一种。这种架构简单明了，自然人直接持有股权。对于处于初创期的公司来说，自然人股权架构十分适用，它搭建简单且便于操作，并且在变现方面具有显著优势，能够直接通过证券交易账户便利操作，纳税地点自由。但是自然人股权架构也存在不便于集中控制权、缺少利用股权杠杆的空间等缺点。然而对于商业模式尚未打磨成熟的创业初期的公司来说，自然人股权架构是最为有利的一种股权架构模式。

6.1

自然人股权架构简介

本节主要从自然人股权架构的设计要点角度出发对其进行分析。通过将自然人持股与法人持股进行对比，明确哪种股权架构属于自然人持股，以及如何在实际应用中操作自然人股权架构，为股东争取最大利益。

6.1.1　自然人究竟指的是谁

在法律概念中，自然人指的是生物学意义上的人，是在自然状态下作为民事主体存在的人。自然人需要依法承担义务，同时也享有合法权利。

法律依据一个人是否具有正常的认知判断能力，以及这种能力丧失的程度（如轻度智力障碍、重度智力障碍等），将自然人划分为完全民事行为能力人、无民事行为能力人和限制民事行为能力人，如图 6-1 所示。

图 6-1　自然人的分类

1.完全民事行为能力人

完全民事行为能力人一般为精神健全的成年人。根据《中华人民共和国

民法典》（以下简称《民法典》）的相关规定，18 周岁以上的自然人为成年人，能够独立实施民事法律行为。而 16 周岁以上，但能够以自己的劳动收入养活自己的未成年人，也被视为完全民事行为能力人。

2. 无民事行为能力人

无民事行为能力人不具有以自己的民事法律行为取得权利和承担义务的资格，如幼儿、司法鉴定机构认定的精神病患者等。

《民法典》规定，无民事行为能力人一般由其法定代理人代理其民事活动，通常情况下无民事行为能力人的监护人是其法定代理人。

3. 限制民事行为能力人

限制民事行为能力人一般包括 8 周岁到 18 周岁之间的未成年人以及不能完全辨认自己行为的成年人。他们不能独立进行全部的民事活动，只能进行部分民事活动。《民法典》第十九条规定："八周岁以上的未成年人为限制民事行为能力人，实施民事法律行为由其法定代理人代理或者经其法定代理人同意、追认；但是，可以独立实施纯获利益的民事法律行为或者与其年龄、智力相适应的民事法律行为。"

而公司自然人指的是完全民事行为能力人，即自然人股东。无民事行为能力人和限制民事行为能力人虽然没有被明令禁止担任公司股东，但是由于其认知水平不足、精神状况不稳定，其股东权利一般由法定代理人代为行使，其股东义务也一般由法定代理人代为承担。因此，在自然人股权架构中，只探讨主体为完全民事行为能力人的情况。

6.1.2　自然人持股vs法人持股

法人是和自然人相对应的另一种主体。《民法典》规定，法人是具有民事权利能力和民事行为能力，依法独立享有民事权利和承担民事义务的组织。

自然人与法人的属性和民事权利皆不相同。自然人基于自然规律出生，具有自然属性，而法人没有。自然人以个人本身作为民事主体，而法人则是集合的民事主体，具体表现为组织的形式，它是社会组织在法律上的人格化。

根据《民法典》对法人资质作出的相关规定，法人必须同时具备4个条件，缺一不可。

1. 依法成立

法人必须经过国家法律认可，不得私自成立。在我国成立法人的方式主要有两种：一是根依据法律法规或经行政审批成立，如机关法人；二是经过核准登记成立，如工商公司等公司法人。

2. 有必要财产或者经费

法人需要拥有独立的财产，作为独立参与民事活动的物质基础。独立的财产一般是指法人对某一范围内的财产享有所有权或管理权，可独立支配，外界不能对其进行行政干预。

3. 有自己的名称、组织机构和场所

法人的名称是其独特的标志符号，法人对其登记过的名称享有专用权。法人的组织机构是承办法人事务的机构，由自然人组成。场所是法人从事社会活动或经营行为的固定地点。

4. 能够独立承担民事责任

法人要对自己的民事行为承担全部法律责任。

自然人持股与法人持股的实质区别在于股东承担义务与行使权利的方式不同。自然人股东具有公民身份，是个人投资人。当他投资以后，通过公司所在地的市场监管局进行股权登记，就会成为该公司的合法股东。自然人股东以个人身份承担义务并行使权利。

而法人股东和自然人股东是相对而言的。它是一个组织，组织行使权利时需要有一个个体代表，而这个代表就是法人代表。

企业选择自然人持股还是法人持股主要受到3个因素的影响。

（1）从税收的角度来看，自然人股东获取公司分红时需要缴纳20%个人

所得税；而法人股东获取的是缴税后的分红，无须缴税。自然人股东股权转让需要按照财产转让所得缴纳 20% 个人所得税，由收购方代扣代缴；而法人股东转让股权需要缴纳 25% 公司所得税，由法人股东自行缴纳。但如果法人股东自身有亏损，股权转让收益能够填补亏损，可以减少缴税额度，或者法人股东公司经营所在地有税收优惠，也可以享受当地优惠政策少缴税。

（2）从公司未来发展方向来看，如果公司确定未来要进行集团化发展，最好设置法人股东。如果没有集团化的计划，从经营角度来说，自然人股东与法人股东均可。另外要注意，如果公司发展很好，在未来有溢价倾向，那么股权调整会带来税收负担。如果公司处于亏损或微利状态，那么股权调整不会对公司产生太大影响。

（3）从公司的关联关系来看，为避免恶意避税等行为，税务机关会格外关注关联公司。因此，在设立新公司、为其选择股权架构模式时，要考虑新公司与原公司股东之间的关联关系。法人持股，两家公司必然产生关联，但若是自然人持股则可以通过其他模式调整和规避关联。

公司在选择股东持股方式时要慎重考虑，避免带来不必要的风险。

6.2

如何评价自然人股权架构

自然人股权架构相对简单，其结构一目了然。自然人股权架构十分适用于处在创业初期的公司以及想要在短期内将股权变现的股东，但它同时也存在控制权分散和缺少利用股权杠杆空间的缺点。总的来说，自然人股权架构更适用于中小型公司，相比其他股权架构模式，它更加灵活、机动。

6.2.1 在变现方面具有显著优势

相较于其他股权架构模式，如合伙企业持股、有限公司持股等，自然人直接持股在股权变现方面具有显著优势。

1. 自然人股东股权变现个税较低

以能否流通为依据进行划分，股票可以分为限售股与非限售股。其中，限售股指的是存在售卖限制、不能在二级市场买卖、只有在解除限制后才能够变现的股票，而非限售股则不存在售卖限制。对于以上两种股票的转让，相关法律中对自然人股东所要缴纳的个人所得税是有明文规定的，因此自然人股东对自己所要缴纳的税款是可预料的。同时，和合伙企业、有限公司等其他类型的股东相比，自然人股东持股变现的个人所得税更低，如表 6-1 所示。

表 6-1　股权变现个人所得税税负表

股东类型	转让限售股	转让非限售股
自然人	税率 20%	免税
合伙企业	税率 20% 或 35%	税率 20% 或 35%
有限公司	税负 40%	税负 40%

根据税法规定，自然人转让限售股时，每次转让限售股所获得的收入减去股权原值以及合理费用之后，再和相应的税率相乘，即为应纳税所得额，即应纳税额 =（限售股转让收入 – 股权原值 – 合理费用）×20%。而如果是合伙企业持股的公司进行限售股转让，应纳税额会随各地税务机关所使用的税率不同而不同。而有限公司持股的公司进行限售股转让时，其税负高达 40%。

例如，某小型互联网创业公司自然人股东陈某于 2021 年减持 53 752 股，每股价格 12.895 元，合计变现 693 132.04 元，陈某应缴纳个人所得税为（693 132.04 – 693 132.04×15%）×20%=117 832.447 元。（当纳税人不能准确提供限售股原值时，主管税务机关按照限售股转让收入的 15% 核定限售股原值及合理费用。）

2. 自然人持股变现可免征增值税

根据税法规定，自然人股东持股变现符合自然人转让金融商品的相关条例，应免除增值税。合伙企业持股或者有限公司持股则需要缴纳增值税，如表 6-2 所示。

表 6-2　股权变现增值税税负表

股东类型	转让限售股	转让非限售股
自然人	免税	免税
合伙企业	3% 或 6%	3% 或 6%
有限公司	3% 或 6%	3% 或 6%

因此，持股的自然人在出售股票时，无须缴纳增值税。而合伙企业或有限公司出售所持股票时，则需要依据税法缴纳增值税。

6.2.2　控制权比较分散

公司的发展壮大离不开一轮轮的融资。在融资的过程中，公司的股东会越来越多。在这种情况下，如果公司全是自然人持股，那么股权会变得十分分散，股东作出决策的流程也会十分烦琐。同时，在自然人持股的模式下，随着公司股东的逐渐增多，创始人的股权会被不断稀释，从而创始人很容易失去对公司的控制权，被迫出局。为解决这一问题，各股东可以共同创立控股公司，以控股公司间接持股。

某研发型医疗公司的股权高度分散，给公司的经营带来危机。公司成立之初，经营效益一直不错。经过 3 年左右的发展，公司终于在市场中站稳脚跟。为了嘉奖员工，该公司决定对 60 名核心研发人员与核心管理人员进行股权激励。

由于缺乏对股权架构的思考，该公司并没有借此成立员工控股平台，而是让 60 名核心员工以自然人的身份直接持股。这样一来，这些员工不仅可以获得股份的分红，同时按照每一股份均有一份表决权的原则，也拥有了公司的表决权。

由于公司的股权高度分散，因此公司决策时间变长，流程更为复杂。每次公司召开股东大会，提出议题后，各股东都会就问题议论纷纷，但难以达成一致意见，这导致公司决策效率大大降低。

同时，这种持股模式也阻碍了公司的进一步发展。基于公司的良好业绩，不少投资人都表达了自己的投资意向。但在了解公司的股权架构后，很多投资人都放弃了投资的想法。最终，公司因缺少资金支持，发展陷入停滞。

在上述案例中，该公司出现股权高度分散的情况与公司对股权架构的认知不足有很大关系。在针对员工进行股权激励时，该公司并没有对控制权进行过多思考，也没有对股权进行深度设计，即使后期想要进行股权架构方面的调整，也需要付出较高的成本。因此，公司有必要意识到自然人持股对于公司股权分配、控制权变动的影响，避免股权过度分散为公司的发展留下隐患。

6.2.3　缺少利用股权杠杆的空间

阿基米德曾经说过："给我一个支点，我能撬起整个地球。"而他撬起地球所用的工具就是杠杆。根据物理学中的杠杆原理，如果能够合理地利用杠杆，就可以用最小的力撬动非常重的物体。

股权杠杆是指公司的实际控制者通过一些间接的方法拥有高于出资比例的股权，用较少的资金控制公司的巨额资金，拥有公司的最大话语权。简单来说，公司的实际控制者在操作过程中可以通过控制第一层公司，再控制第二层公司，再控制第三层公司，以此类推，直至通过这条控制链实现对目标公司的最终控制。这条控制链越长，越能实现以小博大。

例如，自然人想要控制一家注册资本为 100 万元的公司，那么就要拥有该公司 2/3 的投票权，直接持股比例需要达到 67%，即需要投资 67 万元。而如果通过股权杠杆，在目标公司之上搭建多层控制架构，每一层都保持优势持股比例，那么就可以以更少的资金实现对目标公司的控制。

以一家注册资本为 100 万元的 C 公司为控制目标，控制人出资 30.08 万元投资注册资本为 44.89 万元的 A 公司，在 A 公司中持股 67%；再以 A 公司投资注册资本为 44.89 万元的 B 公司，在 B 公司中持股 67%；最后以 B 公司对 C 公司出资，持股 67%，控制 C 公司。这样一来，通过股权杠杆，控制人只需投资 30.08 万元就可以实现对 C 公司的控制。

股权杠杆需要多层控制链实现，而自然人股权架构显然无法为股权杠杆留下操作空间。自然人股权架构是自然人个体对目标公司直接控股，只有一层控制架构，无法利用杠杆实现以小博大。

6.3

适用自然人股权架构的两类主体

自然人股权架构可以实现自然人以个体身份对目标公司进行直接控股。对于初创公司的创始人股东以及想要在短期内出售上市股权的投资人来说，自然人股权架构非常适用。

6.3.1　想出售上市股权的投资人

由于各种各样的原因，一部分投资人在目标公司上市后想要将所持股权出售或转让变现。根据《公司法》的规定，上市公司的股东所持股份可以依法进行转让。股东转让其股份，应当在合法的证券交易场所进行，或按照法律规定的其他方式进行。上市公司股东所持有的股票，应当依照有关法律条款及证券交易所交易规则合法上市交易，不允许私下交易。

对于这种情况，公司最好采用自然人直接持股模式。在这种情况下，投资人进行股权变现时不仅操作方便，同时所需要承担的税负也更低。根据6.2.1中的相关内容可知，自然人股东进行股权变现的应纳税额＝（股权转让所得－股权原值－合理费用）×20%。股权原值及合理费用需由纳税人提供合法凭证，若无法提供，将按照股权转让所得的15%计算。

自2020年1月1日起，个人转让限售股所得也按照个人转让非限售股的情况收取20%的个人所得税。而个人在上海证券交易所和深圳证券交易所转让上市公司股权所获得的收入则继续免征个人所得税。

例如，周某要将A公司原价100万元的股权以300万元的价格转让给赵某，则个人所得税应缴纳（3 000 000－1 000 000－3 000 000×0.000 5）×20%=399 700元（合理费用通常按照股权转让所得的万分之五收取）。而对于个人股东转让股权，我国是免收增值税的。相比在合伙企业的股权架构模式下进行股权转让收取的税费，自然人股权架构显然要划算得多。

6.3.2 初创公司的创始人股东

如今，初创公司数量众多，市场竞争也很激烈。但大部分初创公司的规模都不大，一般只有几人或十几人。对于初创公司来说，每个股东对公司的长远发展都有着极为重要的作用，因此公司可以给予创始股东一定的股权激励。

初创公司的运作模式、盈利模式尚未成熟，未来的发展规划可能发生较大变化，因此并不适用复杂的股权架构，由自然人股东直接持股即可。如果公司能够成功度过初创期，有了稳定的运作模式和盈利模式，就可以在公司有进一步的大变动之前对股权架构做相关调整。

如果一开始初创公司的股权架构非常复杂，就极有可能导致公司的控制权失控。例如，某初创公司在创业初期对股权架构并没有做过多限制，导致其内部同时存在自然人直接控股与合伙企业控股的情况。在公司效益稍有好转之后，便遭遇了投资人通过合伙企业控股机制乘虚而入争夺公司控制权的情况，公司内部一时之间分为自然人直接控股的原始股东和后续入场的新股东两个派系，公司运转效率急转直下。

因此，对于初创期的公司来说，自然人直接控股是最为简单可控的股权架构模式。如果在公司后续发展过程中需要调整，也能够尽快地将其调整为合适的股权架构模式。

6.3.3 案例分析：某电商公司的股权架构

很多公司在上市前都是由自然人股东直接持股。因为对于这些公司来说，自然人股东直接持股一方面可以延续企业创立初期的传统股权架构模式，另一方面也可以享受税法对自然人股东的优待政策。

某电商公司 A 公司由王姓姐弟二人注册成立，按出资比例划分，王姐持股75%，王弟持股25%。而后公司逐渐发展壮大，为了更好地经营公司，王姐决定从自己的股份中拿出15%对员工进行股权激励，最终，共有20名公司核心员工通过自然人持股的方式成为公司的新股东。自此，A 公司的股权架构如图6-2所示。

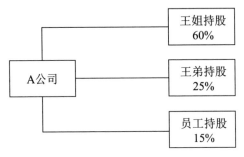

图 6-2　A 公司的股权架构

之后，由于经营理念不合，王弟决定退出公司，于是他将手中股权转让和出售，共获得 600 万元的收益。《中华人民共和国个人所得税法》（以下简称《个人所得税法》）第三条第（三）项规定："利息、股息、红利所得，财产租赁所得，财产转让所得和偶然所得，适用比例税率，税率为百分之二十。"同时《个人所得税法》第六条第（五）项规定："财产转让所得，以转让财产的收入额减除财产原值和合理费用后的余额，为应纳税所得额。"即王弟应该缴税（600 － 600×15%）×20%=102 万元。

但如果王弟是通过合伙企业对该公司进行持股，那么其在股权变现时需要缴纳的个人所得税额可能会有所增加。我国实行分税制的税收管理制度，《关于创业投资企业个人合伙人所得税政策问题的通知》规定：创投企业选择按单一投资基金核算的，其个人合伙人从该基金应分得的股权转让所得和股息红利所得，按照 20% 税率计算缴纳个人所得税。创投企业选择按年度所得整体核算的，其个人合伙人应从创投企业取得的所得，按照"经营所得"项目、5% ～ 35% 的超额累进税率计算缴纳个人所得税。

除此之外，根据我国税法规定，王弟作为直接持股的自然人股东，股权转让无须缴纳增值税。

总之，自然人直接持股非常有利于股权变现。虽然自然人股权架构较为简单，也存在一些不足，但是对于股东构成简单、资金来源较为单一的公司来说，自然人股权架构具有较其他股权架构更为突出的优势。

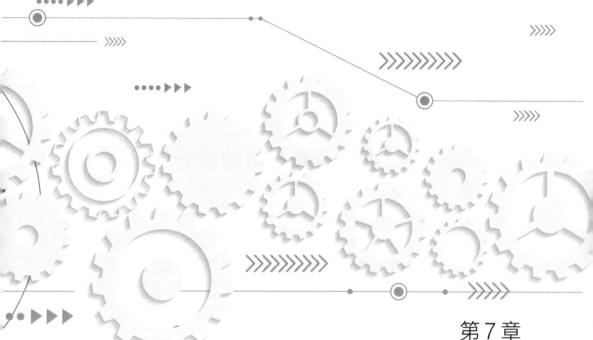

第7章

有限合伙股权架构：
便于短期变现

　　有限合伙股权架构是公司股权架构中常见的一种模式。在这种股权架构模式中，股东不直接持有目标公司的股权，而是通过有限合伙企业间接持有目标公司的股权。一般在公司发展较为成熟之际，会由自然人直接持股模式转为有限合伙架构模式。因为有限合伙股权架构有利于集中公司的实际控制权，还可以避免不必要的风险，享受相关的政策优惠。对于资金密集型公司的创始人以及希望在短期内实现股权变现的股东来说，有限合伙股权架构是一种非常合适的股权架构模式。此外，对于想对员工进行期权激励的公司来说，这也是一种有效的激励方案。

7.1

有限合伙股权架构简介

有限合伙企业是合伙企业的一种特殊形式，有限合伙持股也是比较新颖的一种持股方式。有限合伙股权架构的主要模式是股东通过有限合伙企业间接持股目标公司。这种架构多见于大型公司或大股东与员工股东共存的公司。

7.1.1 有限合伙股权架构的不同模式

有限合伙股权架构的核心特点是股东以合伙企业为持股平台间接持股目标公司。在实际应用中，有限合伙股权架构存在初级和成熟两种模式。

有限合伙股权架构的初级模式如图 7-1 所示。

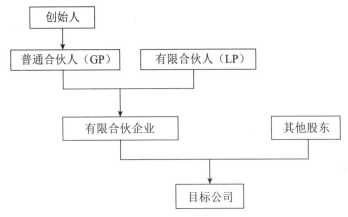

图 7-1　有限合伙股权架构的初级模式

在有限合伙股权架构的初级模式中，创始人以 GP 身份与公司高管、财务投资人等 LP 共同成立有限合伙企业，通过有限合伙企业间接持股目标公司。在这种模式中，创始人对有限合伙企业承担无限连带责任，需要承担较大风险。

因此，综合考虑持股风险与人员配置，可将其升级为有限合伙股权架构的成熟模式，如图 7-2 所示。

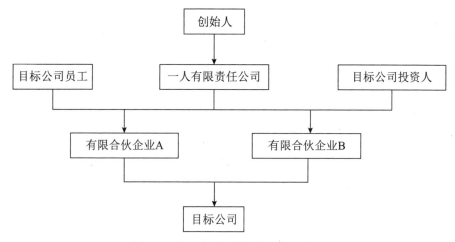

图 7-2　有限合伙股权架构的成熟模式

在成熟模式中，首先，创始人成立一个 100% 持股的一人有限责任公司，以该公司作为有限合伙企业的 GP。其次，以该公司为 GP、目标公司的员工为 LP，成立有限合伙企业 A；以该公司为 GP、目标公司的投资人为 LP，成立有限合伙企业 B。最后，通过有限合伙企业实现对目标公司的间接控制。

这种成熟的有限合伙股权架构比初级模式更具优势：一方面，成熟模式中一人有限责任公司为 GP，一旦出现债务风险，创始人只以出资额为限承担责任，降低了需要承担的风险；另一方面，在层层架构中，目标公司的投票权由有限合伙企业行使，有限合伙企业的投票权由 GP 决定，而身为 GP 的一人有限责任公司的控制权归创始人。因此，创始人能够有效实现对目标公司的控制。

基于以上优势，这种成熟的股权架构模式受到了诸多公司的青睐。此外，也有一些公司在上市前将初级的有限合伙股权架构模式升级为成熟的有限合伙股权架构模式，使得公司的核心员工可以通过有限合伙企业持有公司股份，享受公司上市的红利。

7.1.2 警惕有限合伙股权架构的风险

有限合伙股权架构本质上是一种普通合伙人高度集权制的合伙模式。它最大的特点是为股权杠杆操作留出了足够的空间，能够实现"四两拨千斤"的效果。但是机遇与风险总是相伴而行，有限合伙股权架构也存在一些风险，普通合伙人和有限合伙人要擦亮双眼，及时规避风险，避免不必要的损失。

1.有限合伙人利益容易受到侵害

根据《合伙企业法》的有关规定，合伙企业事务由普通合伙人执行，而有限合伙人不执行合伙事务，对外无法代表合伙企业。实际上，普通合伙人相当于拥有有限合伙企业的完全执行权，能够完全控制合伙企业，实现分股不分权。但这对于有限合伙人来说是一个劣势，因为这种普通合伙人高度集权的制度极易损害有限合伙人的利益，相当于有限合伙人为普通合伙人"做了嫁衣"。

另外，有限合伙人通过合伙企业间接持股目标公司，在转让、出售股权变现或分配投资收益时，都无法由自己操作完成，必须经由拥有完全执行权的普通合伙人执行。这无疑提高了有限合伙人权益受到损害的可能性。

2.税收优惠政策的风险

一些地区为了带动当地经济发展、吸引外来企业，会推出各种各样的税收优惠政策。例如，某地为了招商引资，承诺迁址到此地的外地合伙企业可以享受当地的税收返还政策。

虽然许多地方都针对合伙企业设置了税收优惠政策，但在变更注册地址之前，企业也需要注意规避这些优惠政策带来的风险。一方面，公司注册地址的变更会带来公司经营地址的变更，而新地址带来的新市场可能并不能满足公司发展的需要。这样一来，从短期来看，公司迁址后可以享受当地的税收优惠政策；但从长期来看，迁址可能会影响公司的长久发展。另一方面，各地税收优惠政策需要经过相当长的审核期才能落地，而在这个过程中，企业需要面对陌生的环境和市场，进行新的探索。这意味着，在迁址之后，企业需要面临较长时间的适应期，这可能会影响公司营收。

因此，在想要享受各地税收优惠政策、迁址之前，企业需要立足全局，综合分析迁址给企业带来的影响。如果整体的影响是弊大于利，那么就应谨慎作出选择。

3. 税收负担

税收负担主要表现为持股股东获得股息分红时须纳税。无论是普通合伙人还是有限合伙人，只要通过合伙企业获得目标公司按股权比例分配的股息红利，就需要缴纳个人所得税。但如果持股的目标公司为有限公司，根据相关规定，有限公司的股息红利免征企业所得税。因此，从理论上来讲，如果股东将分得的股息红利留在持股的目标公司暂时不进行分配，就不用缴纳任何税款。这样一来，股东可以将持股的目标公司作为资金池，将从公司分得的股息红利作为资金进行再投资。

7.2
有限合伙股权架构的三大优势

有限合伙股权架构更容易实现"钱权分离"，因此更利于集中公司控制权。对于只想通过投资获取收益的有限合伙人来说，有限合伙股权架构免去了很多管理公司的责任。同时，合伙企业作为持股平台，在政策方面也会享受各种优惠。

7.2.1　有利于把握控制权

相较于自然人直接持股模式，有限合伙股权架构通过普通合伙人与有限合伙人成立合伙企业的模式，极大地将公司的出资权与管理权分割开。因此，有限合伙股权架构是一种典型的把握控制权的工具。

传统的公司制要求同股同权。简单来说，谁出资多，谁的股权就多，谁的话语权就大。因为在公司中，任何重大决定都需要股东大会进行商议和表决，所以话语权非常重要。在传统的公司制度下，大股东出资最多，因此大股东自然而然地承担起管理公司的责任，为公司指明前进方向，制定发展战略。

但是在类似主营创业投资的公司中，很多大股东出资非常多，但是他们不想管理公司、承担责任，他们仅希望能够获得投资带来的收益。而且出资多并不意味着管理能力和专业知识水平强，如果想要获得更大的收益，需要更专业的管理人士来经营、管理公司。

有限合伙制恰好满足了这一需求，普通合伙人和有限合伙人共同投资，企业管理权和出资权分离。我们可以将有限合伙企业的"钱权分离"模式简单理解为：普通合伙人＝1% 的出资＋企业管理权；有限合伙人＝99% 的出资＋合伙协议利润分配。

通过签署合法的合伙协议，目标公司的创始人可以作为普通合伙人享有有限合伙企业的全部表决权。而高管、员工等其他投资人作为有限合伙人，不享有表决权，但可以获得有限合伙企业的大部分股息收益。

实际上，这正是普通合伙人控制权集中、扩大的体现，而有限合伙人的表决权也被普通合伙人所控制。根据《合伙企业法》的相关规定，有限合伙企业的合伙人人数不得少于 2 人，不得多于 50 人，法律另有规定的特殊情况除外，同时有限合伙企业至少要有 1 个普通合伙人。如果有限合伙企业没有普通合伙人，应当依法解散。

有限合伙企业的事务均由普通合伙人执行，有限合伙人不得执行，不得对外代表有限合伙企业。这在法律意义上规定了普通合伙人的主导权，将有限合伙企业的控制权集中到了普通合伙人手中，即使有限合伙人出资占比为99%，有限合伙企业的实际控制者还是普通合伙人，有效避免了"钱权相伴"的问题。同时，任何与企业经营相关的对外法律文件都必须经过普通合伙人的审查，最大限度地保障了有限合伙企业的控制权集中。

7.2.2　权责分明，避免纠纷

《合伙企业法》第二条第三款规定："有限合伙企业由普通合伙人和有限合伙人组成，普通合伙人对合伙企业债务承担无限连带责任，有限合伙人以其认缴的出资额为限对合伙企业债务承担责任。"

1. 普通合伙人的责任与权利

（1）普通合伙人的责任。普通合伙人所承担的无限连带责任，是指在有限合伙企业中，普通合伙人除了要承担自己名下的债务外，还需要承担有限合伙人名下的债务，即普通合伙人有义务为有限合伙人偿还债务。即使普通合伙人已经转变为有限合伙人，他仍然要对其作为普通合伙人期间有限合伙企业发生的债务承担无限连带责任。

普通合伙人既可以使用货币等实物进行出资，也可以使用劳务充当出资额，劳务出资的具体评估方法由合伙人共同商议决定。普通合伙人出资额占比最低为1%。虽然普通合伙人出资较少，但是权力很大。为了保障其他合伙人的利益，普通合伙人要约束自己的行为，谨言慎行，不得以权谋私，损害企业利益。同时，普通合伙人需要向其他合伙人定期提供企业的财务报表及相关报告，遵守合伙协议约定。

（2）普通合伙人的权利。根据有限合伙股权架构下的"钱权分离"模式，普通合伙人享有企业内充分的管理权和控制权，是有限合伙企业的掌舵人。此外，普通合伙人享有企业基金总额1.5%～3%的管理费，用来维持企业运转。在进行利润分成时，普通合伙人一般可获取收益20%左右的分成。

2. 有限合伙人的责任与权利

（1）有限合伙人的责任。有限合伙人以其认缴的出资额为限，需要对有限合伙企业的债务承担有限责任。有限合伙人加入合伙企业，要按照签订的合伙协议向企业认缴出资额，但是既可以一次性付清出资额，也可以分期支付。首期出资一般占认缴出资额的25%～33%。剩余出资需要在约定期限内付清。而除了货币外，有限合伙人还可以通过实物、知识产权等其他财产形式出资，

但是不能够以劳务进行出资。如果不能按期缴纳出资额，有限合伙人需要承担违约责任。

例如，王某作为有限合伙人加入某企业，合伙协议上约定的认缴出资额为 100 万元，可以分期缴纳。王某首期缴纳 30 万元，第二期缴纳 20 万元。经过与其他合伙人商议并达成一致意见，王某用价值 50 万元的知识产权付清了剩余的 50 万元出资额。

认缴的出资额是有限合伙人对企业及其他合伙人的承诺，也是对企业债权人的承诺。因此，在承担合伙企业债务时，有限合伙人需要以合伙协议上签订的认缴出资额为依据承担责任，而不是以当时实际缴纳的出资额为依据。

（2）有限合伙人的权利。有限合伙人享有企业的有限参与权，能够对企业的经营管理提出建议。当有限合伙人对普通合伙人的决策不满时，如决策损害自身利益，可以向有责任的合伙人主张自己的权利或提起诉讼，从而享有决定普通合伙人入伙或退伙的权利。

有限合伙人还享有企业经营状况的知情权，能够获取企业的财务报表及相关报告，对普通合伙人起到一定的监督作用。有限合伙人通常会享有投资收益的 80%，拥有利润优先分配权。

7.2.3　享受相关政策优惠

如今，很多中小型高新技术公司都采用有限合伙股权架构。为了扶持中小型公司、鼓励经济发展，我国针对有限合伙股权架构制定了一系列税收优惠政策。

1. 无须双重缴税

传统的有限责任公司除了要缴纳企业所得税外，公司的股东还需要缴纳个人所得税，也就是一份投资收益要缴纳两重税款。而有限合伙企业只需缴纳合伙人的个人所得税，无须缴纳企业所得税，大大降低了企业的赋税成本。

有限合伙企业的股东均持有股权，而股权收益来自股权转让与股息分红。以非上市公司为例，不同持股方式下个人股东的税负水平大不相同。

（1）股权转让。个人股东以有限责任制公司作为持股平台间接持股目标公司进行股权转让时，个人股东需要承担40%的税负。首先，有限责任制公司获取目标公司的投资收益，需要缴纳25%的企业所得税；其次，有限责任制公司在缴税后要将利润以分红的形式给予股东，个人股东获取利润后，要再次缴纳20%的个人所得税。因此，最终的综合税负为：25%+（1−25%）×20%=40%。

个人股东以有限合伙企业作为持股平台持股目标公司，若有限合伙企业为创业投资公司，进行股权转让时，个人股东按照个人所得税税率缴纳20%的税额，有限合伙企业无须缴纳企业所得税。若有限合伙企业为非创业投资公司，需要按照生产经营所得缴纳5%～35%的超额累进税，少数地区固定缴纳20%的税额。

（2）股息红利分红税负低。依照相关税法，居民企业投资其他居民企业所获股息等权益性投资收益为免税收入，无须缴税。但是当居民企业将这些股息红利分配给个人股东时，个人股东需要缴纳20%的个人所得税。

以有限合伙企业作为持股平台，当个人股东获取股息红利时，也需要承担最终利润20%的税负。因为合伙企业对外投资获得的股息红利不属于合伙企业的收入，而是有限合伙企业中合伙个人的财产所得，按照相关税法中个人获取利息、股息、红利所得计税的规定，最终税负为所获利润的20%。

2. 税收优惠政策

我国实行分税制的税收管理制度，因此在国家相关机关允许后，部分地区可实施一定的税收优惠政策，吸引外来投资人。而有限合伙企业通过合理利用税收优惠政策，能够在法律允许的范围内达到一定的节税效果。

嘉兴南湖区实施的个人所得税优惠政策中规定，利息、股息、红利所得适用税率为20%，5年内地方留存70%的税款，返还给缴税方30%的税款。

而江西共青城对有限合伙企业执行3%的增值税税率，并且有税收返还政策，返还后实际税率为1.8%。附加税执行0.36%的税率，返还后实际税率为0.12%。而合伙企业中的股东缴纳个人所得税的税率为20%，次月返还6.4%

到企业账户中。

江西省共青城产业园区有一家电子科技企业，其属于高新技术企业，拥有员工1 400余人。据公司的财务负责人介绍，在税收优惠政策实施之前，每个月公司要代缴员工税款和企业税款共计11万元左右，而在新的税收优惠政策实施之后，每个月仅需缴纳税款4.4万余元。这次的税收制度优化通过调整合伙企业税率和个人所得税税率，扩大较低档税率级距，极大减轻了员工的税收负担，降低了公司的税收成本，也提高了公司对于未来发展的信心。

7.2.4　案例分析：老乡鸡打造持股平台

2022年5月，安徽老乡鸡餐饮股份有限公司（以下简称"老乡鸡"）公布了招股说明书的具体内容，准备在上海证券交易所上市。按照计划，老乡鸡将发行新股6 353万股，募集资金12亿元，用于门店扩张、公司数据信息化升级等工作。

经过近20年的发展，老乡鸡从一家餐饮门店发展为即将上市的餐饮巨头，老乡鸡成功的背后离不开稳定的股权架构的支持。老乡鸡的创始人束从轩并未持有老乡鸡的股份，老乡鸡的实际控制人为其儿子束小龙。束小龙通过直接持股、间接持股等方式牢牢把握对老乡鸡的控制权，避免了和家族成员之间的股权之争。而这得益于老乡鸡有限合伙企业持股平台的设计。

持股平台指的是在主体公司之外，与被激励对象、投资人等共同搭建有限合伙企业，然后以有限合伙企业持有主体公司股权，从而实现被激励对象、投资人间接持有主体公司股权的目的。持股平台的搭建使得各方之间的股权权属明晰，避免产生股权争议。

束小龙直接持有老乡鸡25%的股权，此外，他还通过合肥羽壹企业管理有限公司（以下简称"合肥羽壹"）、青岛束董企业管理咨询合伙企业、天津同创企业管理咨询合伙企业、天津同义企业管理咨询合伙企业等间接持有老乡鸡股权。束小龙的妹妹束文直接持有老乡鸡5%的股权，而投资人通过裕和股权投资基金合伙企业（以下简称"裕和投资"）间接持有老乡鸡股权。老乡鸡的股权架构如图7-3所示。

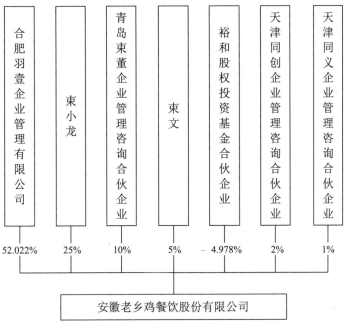

图 7-3　老乡鸡的股权架构

根据以上股权架构我们可以看出，老乡鸡的最大股东为合肥羽壹。对该公司的股权架构进行拆解，便会发现该公司的实际控制人是束小龙，如图 7-4 所示。

图 7-4　合肥羽壹的股权架构

合肥羽壹共有 3 名股东，其中束小龙持股 72.7%，为公司的控股股东；束文持股 19.22%；束小龙的妻子董雪持股 8.08%。

从老乡鸡的整体股权架构来看，虽然束小龙直接持有的股权比例仅为 25%，但通过持股平台间接持股的方式，其牢牢把握了对老乡鸡的控制权。

作为家族式企业的代表，老乡鸡打造持股平台的方式更有利于股权分配，保证束小龙的核心控制权。一方面，束小龙的妹妹、妻子等家族成员可以通过持股平台间接持有公司股权，他们既可以获得公司分红，又不会影响束小龙对公司的控制权；另一方面，公司的投资人也可以通过裕和投资间接持有公司股权，同样不会影响束小龙对公司的控制权。

　　资料来源：网易新闻《老乡鸡餐饮冲刺上交所：年营收44亿 束小龙家族为实控人》

7.3
谁更适合有限合伙股权架构

有限合伙股权架构同自然人股权架构一样，对希望在短期内将股权变现的投资人非常友好。同时，有限合伙股权架构对资金密集型公司的创始人和计划对员工进行期权激励的公司创始人也十分适用，因为这两种公司创始人都希望在公司内实现"分钱不分权"。

7.3.1　资金密集型公司的创始人

资金密集型公司是指单位产品所需投资较多、员工岗位较少、技术设备先进的公司。它与技术密集型公司较为接近，因为只有拥有大量资金的支持，才能大力发展高新技术。资金密集型公司除了需要大量资金支持外，还需要技术水平较高的员工，资金密集型公司的全员劳动生产率较高。

资金密集型公司的创始人通常拥有丰富的专业知识和很高的技术水平，而且他们眼光独到，能够发现广阔的市场。但有才未必有财，他们往往无法凭借自己的力量凑足公司发展所需的资金。因此，他们需要借助外界投资人的力量，而资金充裕的投资人就是他们最佳的合作对象。

在传统的公司制度中，出资最多的人就是公司的实际控制人。如果引入的外部投资人的出资高于创始人的出资，那么发现市场、掌握技术的创始人就只会成为公司的技术骨干，而非实际领导者。而且很多投资人对于超出自己能力范围的事物并没有能力管理，也无心维持一个新的创业公司运转，他们只想通过投资，让手中的钱生出更多的钱。

有限合伙股权架构模式可有效解决这一问题。资金密集型公司的创始人可以设立一家有限公司作为普通合伙人，而众多投资人则作为有限合伙人，普通合伙人和有限合伙人共同设立有限合伙企业，由有限合伙企业持股目标公司。

创始人作为普通合伙人，可以以 1% 的出资份额控制 99% 的有限合伙人的资金，实现控制权的集中，便于股东管理。当目标公司发展到后期，投资人不想再继续持有目标公司的股权时，可以在有限合伙企业内部完成股权转让，流程简单快捷，不影响目标公司的经营和资金稳定性。

7.3.2　希望在短期内将股权变现的投资人

对于大部分希望在短期内将股权变现的投资人来说，他们关注的重点问题有：这家公司是否值得投资？投资这家公司的风险大不大？要想利润最大化，投资多少比较合适？这家公司的股权转让变现流程是否简单便捷？如果投资了这家公司，需要承担怎样的责任？

在公司创办初期，投资人会投入大量资金帮助公司度过艰难的初创期，使公司正常运转。而在公司运营步入正轨之后，投资人希望在一个恰当的时间点将所持股权变现，获取自己应得的利益。在股权变现时，投资人一般希望变现的流程简单便捷，以便能够尽快获得自己应得的利益，否则，一旦市场发生变化，股权的价值也会发生变化。

但是大部分投资人投资的领域极广，他们无法深入了解每一个行业、每一个公司的实际状况。他们也无力管理每一个公司的各种事务，更不可能站在专业角度为公司制定出切实可行的宏观战略，他们只想为值得投资的公司出资，然后拿到自己的应得利益。

而依照相关税法，在不同的股权架构模式中，股权转让变现和股息、红

利会按照不同的税率收取税款。因此，如何在合法的范围内进行税收筹划，缴纳相对较少的税款，保证自身利益最大化，是投资人要考虑的重要问题。

有限合伙股权架构能够解决投资人的问题，打消他们的顾虑，其原因主要有 3 点。

1. 变现流程清晰，没有后顾之忧

如果有限合伙企业的有限合伙人想要将股权对外转让，就要按照合伙协议的约定，提前 30 天通知其他合伙人。同样的，有限合伙人在对内转让股权时也要通知其他合伙人，在法律上确定流程合法性，避免后续纠纷。

2. 权利责任分明，免去管理烦恼

根据我国相关法律规定，有限合伙人对合伙企业债务只承担以认缴出资额为限的有限责任。控制权和管理权都掌握在普通合伙人手中，投资人无须执行企业事务，只需要对普通合伙人进行监督，并且投资人有权利查看相关财务报表，保障自身权益不受侵犯。

3. 税收优惠政策，保障自身利益

同有限责任制公司相比，有限合伙企业作为持股平台，可以享受较低税率的税负。例如，以有限责任制公司作为持股平台，在获得股息、红利时，投资人需要缴纳共计 40% 的税款，而以有限合伙企业作为持股平台，投资人仅需缴纳 20% 的个人所得税。

7.3.3　计划让员工持股的公司

让员工持股不仅是公司对核心骨干的优待，也是稳定员工心态、激励员工、提升其工作积极性，实现公司与员工共赢的重要手段。

公司在实践中不要盲目选择持股的方式，而要根据公司的实际情况和发展需求选择合适的持股平台。如果公司持股人数少，且处于初创时期，可选择自然人直接持股；如果更看重多人持股的风险分散效果，可选择以有限责任公

司作为持股平台；如果想实现"分钱不分权"，享受税收优惠，就可以选择有限合伙企业作为员工持股平台。

而员工持股的方式通常有 3 种：硬性购买、赠予干股、期权激励。公司为了使员工持股效果最优，通常会选用期权激励的方式让员工持股，给予员工在规定时间内以优惠价格购买一定数量股票的权利。

例如，某家居公司自成立以来，效益一直很好。为了对公司内部的核心骨干和兢兢业业的元老级员工进行奖励，公司决定给他们授予股权。该家居公司的创始人担任普通合伙人，与被激励对象共同成立了一家有限合伙企业。随后该家居公司以每股 1.5 元的价格向有限合伙企业发行 63.5 万股公司股份，由20 位被激励对象买下，持股比例共占 15.5%。

以有限合伙企业作为持股平台的优势在于尽管创始人的股权被稀释了，但是由于他的身份是普通合伙人，投票权和决策权还是掌握在自己手中。期权员工作为有限合伙人，享有股权的所有权和股息分红权，但没有投票权和决策权。如此一来，既可以让更多的核心骨干和元老级员工享受公司发展所带来的福利，极大调动员工的工作积极性，又可以避免传统公司中"同股同权"所带来的问题，可谓一举两得。

此外,在建立有限合伙企业作为员工持股平台时,公司还需要注意以下几点。

1. 坚持自愿原则

公司要确保员工是自愿购买公司股权的，不得以期权激励为名，强迫员工购买公司股权，强迫员工加入有限合伙企业。

2. 坚持共担风险

公司要向员工明确，一旦签订了合伙协议，员工就要和其他股东共担风险，不得随意退出合伙企业或随意转让所持股权。

3. 坚持公平公正

公司对员工进行期权奖励的流程要公开、透明，接受其他员工的监督，确认员工具备担任有限合伙人的资质。同时，由于有限合伙人的出资可以分期

缴纳，所以在合伙协议中要约定好员工出资的具体流程和数额，避免后续出现问题。

4.坚持有偿原则

期权激励需要员工出资购买，因此公司股票的价格既不能高于市场价，引发员工抵触情绪，又不能过于便宜，否则无法对员工起到激励作用。

普通合伙企业的所有合伙人都是普通合伙人，每个人都要承担无限连带责任，但让作为激励对象的员工承担无限责任是不合适的。因此，有限合伙企业的优势便非常明显了，通过有限合伙的相关机制，将员工利益与公司利益捆绑在一起，在员工可接受的范围内让其承担起更多企业发展的责任，有利于促进员工、公司共同成长，互利共赢。

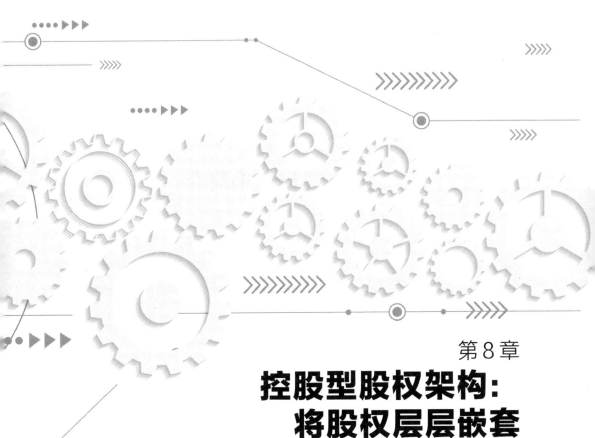

第8章

控股型股权架构：
将股权层层嵌套

　　股权架构是公司治理的基础，事关公司的管理权、股东关系结构以及董事会的组成等公司重大事项，进而影响整个公司的运营和业绩。相较于自然人股权架构和有限合伙股权架构，控股型股权架构要成熟许多。对于发展成熟的大型企业来讲，控股型股权架构通过将股权层层嵌套，在企业内部形成健康的制衡关系，使股东、董事、经理等角色能够各司其职，维持企业的正常运转。

8.1

控股型股权架构简介

　　控股型股权架构又称控股公司架构，它是一种较为成熟、稳定的控股模式，它的构建过程相对自然人股权架构构建过程来说略为复杂。在实际操作过程中，控股型股权架构主要分为三大类。本节将从多个角度深入剖析控股型股权架构的构建流程和主要类型。

8.1.1　一张图看懂控股型股权架构

　　控股型股权架构指的是公司创始人及其合伙人共同创办控股公司，通过控股公司管理不同业务领域，进行多公司投资的股权架构模式，如图 8-1 所示。

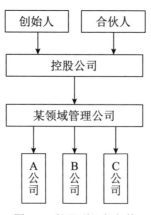

图 8-1　控股型股权架构

创始人与满足条件的合伙人共同成立一家控股公司，并在初期就设立好未来发展可能会涉及的不同领域的管理公司，由管理公司对投资的目标公司进行分类管理。目标公司所获得的利润会经由管理公司回流到控股公司，创始人、合伙人等股东在控股公司层面上获得股息、红利。

由于不同的目标公司由负责该领域的相关管理公司负责管理，所以其管理和经营所要面对的不同问题的分类都较为明晰。如果一个公司在成立之初就确定了未来发展规划，或者想为未来的发展方向留出选择的空间，就可以考虑控股型股权架构模式。

8.1.2　了解三大类控股公司

控股公司实质上也是公司的一种形式，它通过持有某个公司的部分股权，能够在该公司的生产、管理等方面掌握实权，实现控制。被控制的公司称为控股公司的子公司，而拥有子公司股权并能够对其进行实际控制的公司被称为母公司，也被叫作总公司。这种制度也被称为母子公司制。

母公司拥有子公司财政、经营上的控制权，对重要人员的任命或罢免以及战略决策等方面拥有决定权。例如在很多企业内，子公司的总经理或高级管理人员都是由总公司直接委任或提拔的。而子公司虽然部分或全部资产归母公司所有，但在经济意义和法律意义上，子公司是相对于母公司独立存在的实体公司。

按照控股方式的不同，我们可以将控股公司分为 3 种类型，如图 8-2 所示。

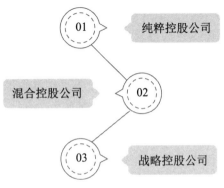

图 8-2　控股公司的 3 种类型

1. 纯粹控股公司

纯粹控股公司不直接从事生产经营业务，只对其他公司持股投资，在资本层面进行运营。纯粹控股公司仅进行股权投资，如购买其他公司的股票、有价证券，或者通过出资入股其他公司，通过发挥股权的优势，获得自己需要的利益。

例如，美国洛杉矶的西方银行公司就是一家纯粹控股公司，它控制着美国西部 20 多家银行的绝大部分股权。但它本身并不经营银行业务，只是通过控制银行股票进行投资。

由于纯粹控股公司的主要业务是投资、融资，因此其公司资产主要是日常运作所需的现金、银行存款、办公用具等固定资产以及长期股权投资。其中，长期股权投资尤为重要，是公司利润的主要来源。纯粹控股公司具有一些明显的优点，如行业进出方便、便于集中精力进行资产经营和管理。

由于纯粹控股公司的固定资产占比小，所以其依靠金字塔结构的经营策略，通过创造多条价值链，以极小的投资控制大量资产。纯粹控股公司非常依赖股权杠杆，因此其风险也主要来自财务方面，如到期债务无法偿还、子公司财务波动等。

因此，若想成为纯粹控股公司，一定要加强投资、融资和金融资本方面的管理，仔细筛选子公司的类别，认真评估其财务状况，避免后续出现财务问题。

2. 混合控股公司

混合控股公司既像纯粹控股公司那样进行投资等资本运营，又会直接从事一些生产经营活动。它除了通过所占有的子公司的股份获取利益外，还通过经营自己的业务获取利益。现代投资银行大多采用混合控股模式，其母公司对子公司的控制并非像纯粹控股公司一样为了控制而控制，而是将子公司放置于母公司的附加地位。

混合控股公司的优点在于，它通过对其他公司的参股和控股，促进自身生产经营业务良好开展，并不是完全依赖对子公司的股权投资获益。例如，对与自身生产经营业务有关的前一阶段和后一阶段业务进行投资，有助于稳定原材料市场和产品市场。混合控股公司实际上可以独立进行某项实体业务，因此，其经营理念和制定的发展战略都可以很好地被贯彻和执行。所以业界普遍认为，混合控股公司比起纯粹控股公司有更强的战略实现能力。

但与资源丰富的集团公司相比，混合控股公司的战略实现能力显然要弱一些。因为混合控股公司盈利的本质是使控股子公司为自身的生产经营活动服务，而母公司的大部分资产存量都转化为实物资产，资产的专用性导致母公司的资产流动性较差，很难在短时间内实现大幅度资产转移。

3. 战略控股公司

战略控股公司是一种新型的控股公司，它是纯粹控股公司与混合控股公司之间的平衡模式。战略控股公司既要避免股权投资导致的"金融资本"蜕化问题，又要避免资本被大量转化为流动性差的实物资产。纯粹控股公司与混合控股公司是两种极端的控股公司模式，而在二者之间的转化路径上存在一种折中模式满足平衡需求，使控股公司得以正常运转下去，而战略控股公司就是这种模式的体现。

8.1.3　如何成立控股公司

一般而言，控股公司大多是经济实力较强的经济实体。控股公司旗下会有很多跨领域的业务板块，而这些跨领域的业务板块又管理着众多子公司，就相当于一个大的集合体。一个公司发展壮大到一定程度，为了寻求新的出路，也为了合理安排公司内的各种资源，需要进行模式重组，即对外投资或成立子公司。而很多发展较好的大公司最终都会走上向控股公司转型的道路。

控股公司与其他公司的注册流程几乎一样。股份有限公司的设立必须按照相关的法律条例依法申报，经相关部门批准之后才可成立，不得私自挂牌成立。

公司的登记事项包括：名称；住所；法定代表人姓名；注册资本；公司类型；经营范围；营业期限；有限责任公司股东或者股份有限公司发起人的姓

名或者名称。

因此，若想申报成立控股公司，除了明确创始人与创业伙伴的身份外，还需要做好其他的准备。首先，需要准备一个符合国家有关规定的名称和实体的办公场所，名称与场所登记均具有唯一性，不得同时申报多个名称或场所。其次，要确定法定代表人姓名，不得随意更改，一般以公司创始人或合作伙伴作为控股公司的法定代表人。再次，除特殊情况外，公司的注册资本只能以人民币表示，股东出资方式按照《公司法》第二十七条的规定施行。最后，要确定公司类型及经营范围，在后续经营过程中不得经营未申报的业务，而且应当在营业期限截止之前申请新的营业期限。

还有一些特殊类型的控股公司，除了遵守以上法律条例外，还需要遵守特殊的法律规定。

1. 名称需经国家市场监督管理总局核准的控股公司应当具备的条件（如中国某控股有限公司）

（1）控股公司的注册资本需要在 5 000 万元以上；

（2）至少控股 5 家子公司；

（3）控股公司和被控股公司的注册资本总和需要达到 1 亿元以上。

2. 冠省名的控股公司应当具备的条件（如福建某控股有限公司）

（1）专业科技研发企业的控股公司注册资本要达到 1 000 万元以上，至少拥有 3 个子公司，且母子公司注册资本合计在 2 000 万元以上。（专业科技研发企业不得从事其他业务，仅从事科技研发业务。）

（2）现代服务业企业控股公司注册资本要达到 1 000 万元以上，至少拥有 3 个子公司，且母子公司注册资本合计在 2 000 万元以上。

（3）其他各类集团的控股公司注册资本要达到 3 000 万元以上，至少拥有 4 个子公司，且母子公司注册资本合计在 5 000 万元以上。

8.2
全方位评价控股型股权架构

控股型股权架构对于发展较为成熟的大型企业来说是切实可行的一种股权分配方案，不仅为未来的资本运作提供了持续成长的空间，还可以将冗余的人员进行岗位再分配，优化人事安排。但它同时也面临灵活性差、资本变现为资产难以流通的问题。

8.2.1 为资本运作提供空间

资本运作作为企业实现效益增长、价值增值的主要方式，包括配股、转让股权、风险投资、资产重组等多种方式。利用市场法则，资本运作通过资本本身所具有的技巧性，实现资本结构、债务结构的改善，奠定资本运营的坚实基础。

资本运作的最主要目的是追求利润的最大化。而为了实现以小成本博取大收益的目的，企业通过价值管理的方式，将企业内部与外部的资本不断进行重组，通过生产要素的配置优化，实现产业结构重组，最终实现企业自有资本的增加。资本运作具有 3 个基本特征。

1. 资本运作的流动性

资本运作的价值在于能够实现价值的增值，而静止的资本无法实现资本运作。相同的资本在不同时期具有不同的价值，因此，公司若想实现利润最大化，就要让资本流动起来。而控股型股权架构的最大特点就是能够通过配股、股权转让等方式，实现资本的不断流动与重组。

2. 资本运作的增值性

资本的流动与重组并不是目的，而是实现资本增值的手段。控股公司通过资本的流动与重组，参与产品的价值形成过程，优化生产资料的配置，将劳

动与资本相结合，实现资本的增值。

3. 资本运作的不确定性

任何投资都是回报越大，风险越大，不存在没有风险的投资。这要求公司在进行决策时，不仅要考虑回报，还要考虑风险，为长远发展着想。因此，企业要尽量分散风险，把有风险的资本清除，把新的资本吸纳进来，以实现低风险、小成本、高利润的资本运作。

控股型股权架构作为一种金字塔控股架构，可以通过股权杠杆实现资本的以小博大，集中股权掌控上市公司，进行税收筹划，规避风险，实现利润最大化，为资本运作提供空间。

例如，A公司是一家上市公司，其大股东原为A集团，后A集团被B集团收购。受其影响，A公司变更了公司名称，其实际控制人也从A集团控制人赵某变更为B集团控制人张某。张某以公司作为平台成功收购A集团并持有A公司的股份，成为A公司的实际控制人。

以上股权收购过程没有直接涉及上市公司A公司，股权收购是在A公司的控股母公司层面进行的。在上市公司的母公司层面进行股权转让，既避免了重重限制，又可以更好地进行税收筹划。

根据相关税法的规定，控股公司从被控制的子公司中所获取的股息红利免征企业所得税，如果将这部分股息红利所得用于再投资则同样免税。

控股型股权架构从多个角度为资本运作提供了空间。除了股权杠杆、集中控制权、税收筹划外，在条件合适时，还可以分拆板块实现独立上市，或者在一定条件下整体上市。另外，如果母公司资金实力强于上市子公司，那么母公司可以为上市子公司借款或发行债券提供担保。

8.2.2　有利于优化人事安排

一个成熟的公司通常体量庞大，拥有众多员工，并且随着公司的发展，还会持续吸纳新鲜"血液"。这有可能导致一个问题：人事安排不合理。

例如，一个部门的工作原本只需要5个人完成，但由于业务变更，需要招聘 2 位新员工。原有的员工不能辞退，5 个人的工作量安排给 7 个人去做，这势必造成人力的浪费。无论是留住有经验的老员工，还是招聘有技术的新员工，员工数量都会不断增加，这使得公司在人力上的成本居高不下。为了把控成本，公司必须在稳定员工情绪的前提下，优化人事安排。

控股型股权架构是一种很好的选择。公司可以将上市公司中暂时无法安排的员工安排进控股公司，充分利用其丰富的经验开展相关业务。或者基于业务的调整，将两个子公司中的部分员工的岗位进行调动，找到每位员工适合的业务领域，使他们的才能发挥出最大价值。

此外，随着公司的发展，由于各种原因，部分元老级员工可能无法满足公司发展的需要。针对这一情况，公司上市后可以使部分元老级员工在控股公司担任相应职位，而将他们原本的职位留给符合新业务发展需要的人才。同时，上市公司与控股公司可以互为人才储备基地，同一控股公司旗下的上市公司之间也可以互为人才储备基地，彼此输送高质量人才。在公司中，不同岗位对员工的要求也不一样。因此，为了使员工的工作效率达到最高，公司必须优化人事安排，实现"好钢用在刀刃上"。下面以某科技公司为例进行详细讲述。

该科技公司成立时间长，公司员工众多，而且很多管理人员在创业初期便跟随创始人，因此员工的岗位难以进行大的调动。为了增强市场竞争力，公司聘请了一批高新技术人才，公司对有实力的新员工给予升职待遇，而原有管理人员的岗位安排便成了急需解决的问题。

该公司为了解决这个问题，先后收购了两家小型互联网公司 100% 的股份，成为其控股公司。而后将母公司中的部分管理人员进行岗位调动，给予其优厚的待遇，让他们利用以往的经验管理子公司，使这些管理人员能够继续在合适的岗位上发光发热。

而这两家子公司的重大决策基本由母公司的管理层或体现母公司意志的子公司管理层决定。子公司遵循母公司的规章制度，母公司和子公司成为一个利益整体，母公司在市场竞争中也具有更大的优势。因此，许多大型控股公司都会制定统一发展战略，以整体优势参与市场竞争。

8.2.3　灵活性差，难以退出

控股型股权架构是一种主要适用于处于发展成熟期的大型企业的股权架构模式。市场上知名的大公司基本都是控股公司，如红星美凯龙、复星国际、北京控股等。这些公司规模大、业务板块复杂，需要长期稳定的股权架构为资本运作提供空间，而控股型股权架构刚好能满足这一要求。

此外，从税法的角度来看，控股公司通过上市公司所获得的股息红利免征企业所得税，如果将其用于再投资同样免税。在一定程度上，控股型股权架构可以实现税收筹划。但相较于同样能够进行税收筹划的自然人股权架构和有限合伙股权架构，它也存在明显劣势。

1. 灵活性差

根据《企业所得税法》的相关规定，股东通过控股公司持股上市公司，如果想要转让上市公司股份，只能从控股公司层面转让，而这一部分的企业财产转让所得需要按照 25% 的税率缴纳企业所得税。纳税之后将股息红利分配给股东个人，股东个人按 20% 的税率缴纳个人所得税。综合纳税税率为：25%+（1－25%）×20%＝40%。双重赋税也导致了税收筹划灵活性极差。

2. 难以退出

从公司角度出发，股东个人转让股权需按照金融资产转让的相关规定缴纳一定额度的增值税。因此在这种架构下，个人股东若想退出控股公司，就需要缴纳高额税款，很难退出。

同时，个人股东若想转让股权还需要取得公司股东大会同意。相比能够自由转让股权的自然人股权架构，控股型股权架构的限制颇多，股东难以退出。

8.2.4　案例分析：青山控股的股权架构

青山控股集团有限公司（以下简称"青山控股"）是我国最大的民营钢企，

2020 年营收超过 2 900 亿元。在其不断发展的同时，其背后的股权架构也得到了更多人的关注。

青山控股成立于 2003 年，注册资本为 28 亿元。其共计拥有 14 个直接股东，其中 2 个企业股东合计持股 35.2%，12 个自然人股东合计持股 64.8%，如图 8-3 所示。

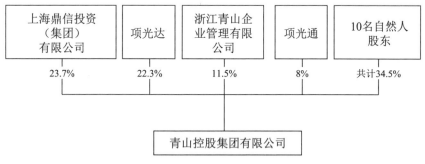

图 8-3　青山控股的股权架构

如图 8-3 所示，从持股比例来看，上海鼎信投资（集团）有限公司（以下简称"上海鼎信"）为青山控股第一大股东，持股 23.7%；第二大股东为项光达，持股 22.3%；第三大股东为浙江青山企业管理有限公司（以下简称"浙江青山"），持股 11.5%；第四大股东为项光达的弟弟项光通，持股 8%。这四大股东的持股比例达到了 65.5%，剩余的 34.5% 由 10 名自然人股东分散持有。

青山控股的第一大股东为上海鼎信，但项光达持有上海鼎信 71.5% 的股份，其实际控制人是项光达。这意味着，项光达通过直接持股与间接持股，共计持有青山控股 46% 的股份，是实际意义上的第一大股东。同时，项光通持有浙江青山的 80% 的股份，是其实际控制人。其通过直接持股与间接持股，共计持有青山控股 19.5% 的股份。兄弟二人共计持有青山控股 65.5% 的股份。

此外，为了稳定这种兄弟持股的股权架构，兄弟二人在股权分配上还进行了更深层次的绑定：在项光达实际控制的上海鼎信中，项光通持有 16% 的股份；在项光通实际控制的浙江青山中，项光达持有 8% 的股份。这样一来，双方在各自分别控制的两家公司中担任股东，实现了相互参股和制衡。

青山控股的股权架构设计得十分巧妙，通过相互嵌套持股的方式使核心

股东的利益更加融合，同时也能够实现一定程度的制衡。创始人在与合伙人成立控股公司时，可以借鉴其股权分配方案，避免彼此之间形成对立关系。

　　资料来源：《财经》杂志：《起底青山控股，低调的"世界镍王"》

8.3

控股型股权架构的应用范围

　　控股型股权架构是一种稳定的控股模式，由于其灵活性较差，因此它适用于想长期持股的股东，以及持股人员相对稳定的家族传承企业。同时由于控股型股权架构可以同时设立多个相对独立的不同业务板块，因此控股型股权架构也适用于业务多元化的大型集团。

8.3.1　想长期持股的实业家

　　控股型股权架构是一种间接持股的模式。创始人与其他股东成立控股公司，由控股公司设立多个业务板块，每个业务板块会管理多家由控股公司投资的实体公司。股东能够通过控股公司对不同的业务板块进行合理规划，实现企业战略的集聚效应。此外，控股公司还可以灵活发展不适合在上市公司内运营的业务。

　　对于想要进行长期投资的实业家来说，一个公司是否值得投资，除了看公司过去和现在的业绩外，还要看它的股权架构是否清晰明了，因为这在一定程度上决定了公司能否做大、做强。

　　例如，某公司让员工直接持股，股东人数共有285人。该公司经营状况良好，为了公司能够更好地发展，提升公司的竞争力，董事会想要在新三板挂牌。但是在新三板挂牌的红线是股东人数不能超过200人。为了减少股东人数，董事会决定成立一家控股公司，让小股东通过控股公司间接持股。毫无疑问，这种方法遭到了小股东的拒绝。最终，该公司没有实现在新三板挂牌的目标，而它的竞争对手却相继挂牌，该公司在市场上逐渐销声匿迹。

如果该公司能够在一开始就通过设立控股公司让小股东通过控股公司间接持股，那么它的挂牌之路会简单很多。对于一个业绩突出、极具发展前景的公司来说，搭建一个稳定、清晰的股权架构，能够为之后的上市之路做更好的铺垫，也能够吸引想要长期持股的实业家。

对于实业家来说，股权变现并非他们的终极目的，他们更希望通过长期持股，收获很多物质收益以外的东西。例如，有的实业家希望能够获得更多市场渠道，有的实业家希望能够通过在持股公司积累的人脉关系获得更多的资金投入，有的实业家希望能够学习持股公司的管理制度，有的实业家希望能够获得技术创新的方法等。

8.3.2　业务多元化的大型集团

控股型股权架构属于 H 型结构，控股型股权架构的关键在于控股公司。一般来说，控股公司财力雄厚，为了使自身资产增值，分散经营风险，控股公司普遍采用多元化经营战略，进入市场的多个领域，经营多种业务，因此控股公司的产品具备系列化和多元化的特点，竞争力较强。

H 型结构的最大特点是高度分权。控股公司持有被控股公司的全部或部分股份，而每个被控股公司都保持了较大的独立性，拥有独立的法人资格，能够进行相对独立的业务经营。控股公司作为母公司，为了协调整个集团的业务运营，会对子公司的财务管理、人事管理、发展战略等方面予以规划和确认。

控股型股权架构对于业务广泛、产品多元化的企业集团来说是比较理想的一种股权架构模式。它有利于资本的集聚，也有利于企业内部部门之间的整合和企业外部公司之间的兼并与重组。它促使资本在企业集团之间持续流动，激发整个集团的活力。

世界知名企业华润集团有限公司（以下简称"华润集团"）便采取了控股型股权架构。华润集团于1938年创立，经过近百年的发展，已经成为一家拥有40余万员工的超大型企业集团，它的经营范围涵盖日常生活用品、电力、地产、医药、纺织等众多领域。

在华润集团还是中等规模的代理贸易公司时，它便意识到了若想把公司做大、做强，一定要调整股权架构，使之适应公司的发展。1983年，随着华润大厦的落成，华润公司改组为华润集团，将原有的下属机构和大型部门重组，成立以股权为纽带的公司。

除此之外，华润集团重点投资中、长期项目，投资了地产、电力、医药等多个领域，多元业务同步开展，项目日趋大型化和专业化。华润集团通过改组控股型股权架构，进行一系列实业化投资，推动自身逐步发展成为业务多元化的大型企业集团。得益于控股型股权架构，华润集团旗下子公司，如北京华润置地、励致国际等相继上市。

如今，华润集团旗下有多个业务板块，每个业务板块都管理着众多实体公司。例如，华润集团通过饮料业务板块持股华润创业有限公司、通过电力业务板块持股华润电力控股有限公司、通过地产业务板块持股华润置地有限公司等。

资料来源：刀豆文库《标杆企业分析——华润集团》

8.3.3　打算进行家族传承的领导者

成功的家族企业通常经营时间较长，具有管理成本低、员工向心力强的优点。家族企业的市场容量随着时代的发展也在不断增加，稳定的财务资本、忠诚的人力资本都是家族企业在经营过程中的重要积累。

如何将企业永久经营下去，实现家族资产的传承，且确保后继的领导者依旧是家族成员，是家族企业的领导者首要考虑的问题。家族企业创始人在创立家族企业时必然克服了很多困难，而要将这份来之不易的资产传承给下一代，必须设立一个对家族成员持股有利的稳定股权架构。

在设计家族企业股权架构之前，领导者要考虑家族企业不得不面对的问题：如何确保继承者的控制权和话语权？如何避免家族成员的内斗？如何保持企业的竞争力？在经过坚持不懈的摸索后，控股型股权架构往往是家族企业领导者的优先选择。因为控股型股权架构的股东相对稳定，无须灵活的进出机制，因此家族企业只需一个有力的继承者即可，其他后代可保留一定股权获取股息红利，并不需要直接参与企业的经营管理。成立家族控股公司作为控股平台，能够将股权的分配范围限制在家族成员中，避免因股权分散导致家族企业大权旁落。以方太创始人茅理翔为例，他一手创立的方太是典型的家族 100% 控股企业。

方太全称为宁波方太厨具有限公司，其大股东为宁波飞翔集团有限公司，目前整个茅氏集团的实际控制人是茅理翔的儿子茅忠群。

20 世纪 80 年代，茅理翔与妻子张招娣共同创立了一家无线电厂，其女儿与女婿共同创立一家塑料厂为无线电厂生产配件。至此，茅理翔与妻子、女儿及女婿成立了飞翔集团，为后期的方太公司成立打下了基础。

随后，茅理翔与儿子茅忠群创建方太公司，经过专业的市场调查，茅忠群将方太公司定位为生产适合中国人使用的抽油烟机企业。1996 年初，方太公司正式成立，茅理翔任董事长，茅忠群任总经理。自成立方太公司起，茅理翔便制定了"三三制"战略——带三年，帮三年，看三年。经过这 9 年的打磨，方太公司成功转型，茅忠群也顺利接班，最终完成了家族企业的传承。

茅理翔在股权架构和家族企业管理方面始终坚持自己的"口袋理论"："如果有多名子女，他们必须分属于不同的利益口袋，以避免分歧和冲突。"因此，儿子茅忠群作为钦定的继承人，一开始就得到锻炼，拥有施展才华的空间。而女儿茅雪飞虽然拥有方太 14% 的股权，但是她是通过吉盛作为控股公司对方太间接持股，不直接参与方太的运营。而茅理翔与妻子张招娣退居幕后从根本上确保了茅忠群在方太的控制权与话语权不会被分散。

茅氏集团所秉持的"坚持家族所有，淡化家族经营，为家族企业嫁接现代企业制度"理念与控股型股权架构的特点高度契合：一方面，方太的股权高度集中，董事长、总经理、财务总监等高层掌控整个公司的发展，禁止其他茅氏成员进入管理层；另一方面，茅忠群逐步调整方太的组织架构，组建了以自

己为核心的非家族高层团队，确保自身控制权的同时下放一部分权力给下属，给予他们充分的信任。

方太所采用的控股型股权架构模式不仅充分考虑到了非继承人的家族成员的利益，对其给予股权，肯定其付出，还避免了家族成员之间争权夺利。控股型股权架构为传统的家族式企业转型提供了足够的支撑，在家族式传承的基础上赋能现代企业，使其能够跟上时代发展的步伐。

资料来源：人人文库《从方太看中国家族企业治理结构》

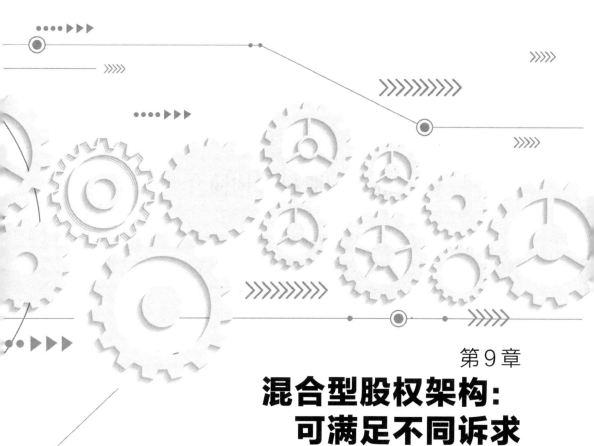

第 9 章

混合型股权架构：
可满足不同诉求

混合型股权架构，顾名思义，融合了自然人股权架构、有限合伙股权架构与控股型股权架构 3 种模式。它最大的特点是能够利用这 3 种股权架构的优势，满足不同股东的不同诉求。

9.1

混合型股权架构简介

混合型股权架构是一种搭建起来较为复杂的股权架构，它融合了多种股权架构的优势，在实现创始人控制公司的基础上满足不同股东的不同需求。

9.1.1　经典的混合型股权架构模式

混合型股权架构体现了多种股权架构模式的融合，如图9-1所示。

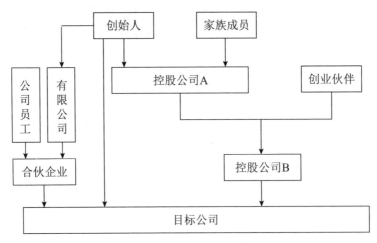

图9-1　混合型股权架构模式

混合型股权架构融合了自然人股权架构、有限合伙股权架构和控股型股权架构，展示了创始人持有目标公司股份的3种方法。第一种方法是直接持股，创始人以自然人的身份直接持有目标公司股份。第二种方法是成立个人控股的有限公司，以有限公司为 GP、公司员工为 LP 成立合伙企业，通过合伙企业间接持有目标公司股份。第三种方法是与家族成员共同创立控股公司 A，控股公司 A 与创业伙伴成立新的控股公司 B，最终以 B 公司持有目标公司股份。

与其他集权式股权架构相同，在这种混合型股权架构模式下，目标公司的股权看似被分成了许多份，但最终公司的实际控制人还是创始人。这种股权架构不仅满足了创始人对目标公司的控制需求，还为股权杠杆的操作预留出充足的空间。创始人能够通过层层控制链以自身极小的投入撬动外部大量资金，实现以小博大。同时，混合型股权架构有利于公司在发展的中后期对员工进行期权激励。

对于不同角色的股东而言，他们在不同的时期对公司有着不同的需求，而单一的股权架构无法始终满足股东动态变化的需求。因此，混合型股权架构并非在创业之初就开始搭建，而是随着公司的发展、业务经营领域的增加，参股的股东越来越多，为了平衡各方股权并集中控制权，公司逐渐完善自身股权架构，最终形成混合型股权架构。

9.1.2　股东控制权分析

在混合型股权架构中，股东的持股方式有间接持股和直接持股两种。根据股东持股方式的不同，我们可以将股东分成自然人股东、有限合伙企业股东、控股公司股东，而这些股东对目标公司的控制权有很大差别。

自然人股东包括创始人与创业伙伴，若无特殊协议约定，自然人股权架构下的股东同股同权，创始人与创业伙伴均拥有与所持股份相匹配的控制权。

有限合伙企业股东通常包括创始人与公司的核心员工及高管。根据《合伙企业法》的相关规定，有限合伙企业的钱权分离度极高，创始人通过有限公司作为 GP，即使在有限合伙企业中只出资 1%，也拥有最大的控制权。而其他员工、高管作为 LP，虽然出资可能达到 99%，享有极高的股息红利分成，但是没有有限合伙企业的控制权。

控股公司股东一般包括创始人、创始人家族成员、创业伙伴与战略投资人。

而若无特殊协议约定，控股公司内实行同股同权。一般而言，持股 51% 的股东为大股东，拥有公司的相对控制权。而根据《公司法》的相关规定，公司分立、解散、合并、修改公司章程等重大事项需要由股东大会进行投票表决，超过 2/3 的股东同意方可通过。

《公司法》第三十七条规定："股东会行使下列职权：（一）决定公司的经营方针和投资计划；（二）选举和更换非由职工代表担任的董事、监事，决定有关董事、监事的报酬事项；（三）审议批准董事会的报告；（四）审议批准监事会或者监事的报告；（五）审议批准公司的年度财务预算方案、决算方案；（六）审议批准公司的利润分配方案和弥补亏损方案；（七）对公司增加或者减少注册资本作出决议；（八）对发行公司债券作出决议；（九）对公司合并、分立、解散、清算或者变更公司形式作出决议；（十）修改公司章程；（十一）公司章程规定的其他职权。对前款所列事项股东以书面形式一致表示同意的，可以不召开股东会会议，直接作出决定，并由全体股东在决定文件上签名、盖章。"

而在公司章程中没有特殊规定、股东按照出资比例行使表决权的情况下，大股东只要持股超过 2/3，即持股 67%，即可拥有绝对控制权。因此，为了限制大股东的权力，防止其影响公司的正常运营，其他小股东的持股份额总和一般会超过 34%。

在混合型股权架构中，创始人若想实现对目标公司的控制，至少需要持股 51%。而创始人家族成员、创业伙伴和战略投资人的股权则根据他们的出资进行分配，使他们在拥有部分控制权的同时不会威胁到创始人的控制权。

9.1.3 混合型股权架构的优势

混合型股权架构的本质是将自然人股权架构、控股型股权架构和有限合伙股权架构有机结合起来，它是一个企业在长期发展的过程中逐步完善形成的综合性股权架构。

从理论上来讲，自然人股东可以考虑以这 3 种架构同时持股，但是在实际操作的过程中，究竟要选择哪种持股方式主要看持股的目的。例如，以长期持股为目的的投资人可以选择以控股公司作为持股平台，而以转让股权为目的的投资人可以作为 LP 以有限合伙企业作为持股平台。处于混合型股权架构中不同位置的股东会享受相对应的权利，同时承担相对应的义务。

首先，从法律风险的角度来说，混合型股权架构可以为创始人股东提供不同的持股选择，所带来的法律后果也不相同。在实际操作中，混合型股权架构中的自然人股东、有限合伙企业股东、控股公司股东在法律上的风险与 3 种独立的股权架构中股东面临的风险没多大区别。

其次，从管理的角度来看，混合型股权架构一方面可以满足股东的不同需求，另一方面可以保证创始人对目标公司的控制权不被稀释。例如，股东通过控股公司持股便于未来分红、转增股本免税，还便于调整股权架构。而员工高管和家族成员可以作为 LP 持股有限合伙企业，创始人作为 GP，这能充分保障创始人对目标公司的控制权。

最后，从税收的角度来看，自然人直接持股方便变现，股权转让需缴纳 20% 个人所得税。有限合伙企业持股取得股息分红，GP 按经营所得纳税，LP 缴纳 20% 个人所得税。而通过控股公司持股获取分红再投资则不缴税。

面对不同股东在不同时期对公司的不同需求，单一的自然人股权架构、有限合伙股权架构和控股型股权架构都无法满足。只有将这些股权架构有机地结合在一起，形成混合型股权架构，才能够充分发挥这些股权架构的优势，满足股东的需求。换言之，混合型股权架构的优势是这 3 种股权架构优势的累加，但混合型股权架构的适用范围覆盖了企业的整个发展进程。

9.2
不同股东的股权设计

一个成熟的企业主要有 4 类股东：创始人、创业伙伴、核心员工、战略投资人。这 4 类股东在不同时期对公司的需求也不尽相同，而这些需求主要通

过不同的股权分配方式得到满足。

9.2.1　创始人：直接持股/有限合伙/控股公司

创始人对公司的本质需求从始至终都是控制权，因此在公司发展早期必须充分考虑到这一点，分配给创始人较多的股权。在公司创立初期，创始人的股权一般为创业伙伴的 2 ～ 4 倍。而随着公司的发展，越来越多的股东进入公司，创始人的股权也会被不断稀释。

为了保证股权的稀释不会影响创始人对公司的控制权，创始人往往会成立一人有限责任公司作为 GP，将有限合伙企业作为持股平台持股目标公司。除此之外，创始人还会通过控股公司的层层价值链，尽可能多地吸引投资人，以股权杠杆撬动大量的外来资金，分散风险的同时实现以小博大。通过有限合伙企业和控股公司控股，创始人能够实现分股不分权，即使股权在公司发展的过程中被不断稀释，也能拥有对目标公司的控制权。

张某与父亲共同创立一家科技公司。张某以自然人的身份直接持股 80%，张某之父以自然人的身份直接持股 20%。而后，张某的朋友李某与王某作为创业伙伴投资了该家科技公司，张某之父退出。李某与王某以自然人直接持股的方式平分张某之父的 20% 股权。之后由于经营理念不合，王某退出公司，张某将王某所持的 10% 股权回购，作为未来进行员工激励的期权池，如图 9-2 所示。

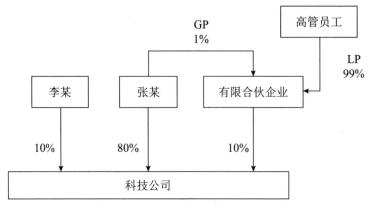

图 9-2　某科技公司股权架构

虽然张某的出资只占有限合伙企业的 1%，但是根据《合伙企业法》的相关规定，张某作为 GP，享有有限合伙企业内充分的管理权和控制权，是有限合伙企业名副其实的掌舵人。同时，张某作为科技公司直接持股的最大股东，拥有对科技公司的控制权。

经过一段时间的发展，张某的科技公司逐渐打开市场，商业模式日渐成熟，张某与李某经过商议后制订了公司 3 年内上市的计划。在上市之前，为了便于后续的资本运作，实现利用股权杠杆以小博大，二人决定将部分自然人直接持股改组为通过控股公司持股。

张某与其子成立控股公司 A，李某与控股公司 A 成立控股公司 B，张某与李某将二人所持科技公司部分股权注入控股公司 B。如此一来，除去直接持股的一部分股权与作为有限合伙企业的 GP 间接持股的一部分股权，张某作为创始人还拥有通过控股公司间接持股的科技公司的股份，如图 9-3 所示。

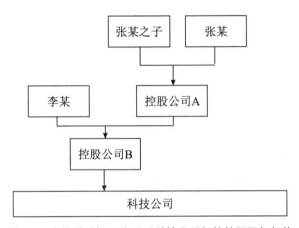

图 9-3　张某通过控股公司对科技公司间接持股股权架构

在法律范围内，由自然人直接持股变为通过控股公司持股的方法主要有 3 种：无偿赠送、股权转让和股权投资。虽然无偿赠送与股权转让操作起来较为简单，但张某作为创始人可能会面临很大的税务风险。而且由于该科技公司的资产估值较高，张某可能被税务机关核定征收高额个人所得税。因此，张某选择了股权投资这一方法。至此，张某作为创始人，通过自然人直接持股、有限合伙企业间接持股、控股公司间接持股 3 种持股方式实现了对科技公司的控制。创始人持股方式的变化，实际上也是搭建混合型股权架构的一个缩影。

9.2.2 创业伙伴：以创始人为参照物

创业伙伴也称为联合创始人，他们通常与创始人的价值理念、经营观点高度一致，往往是受到创始人的感染而追随创始人创业的。创业伙伴最主要的诉求是在公司经营中拥有话语权与参与权，所以，公司在发展早期要拿出8%～15%的股权均分给创业伙伴，确保他们可以直接参与公司的管理。

而在公司发展的中后期，除了已经将股权变现的创业伙伴外，留下的创业伙伴往往想扩大自己在公司中的话语权，提高自己在公司中的影响力。因此，除了最初的自然人直接持股方式，他们也会和创始人选择一样的持股方式，即作为目标公司的控股公司股东继续持股。以9.2.1案例中科技公司曾经的股东王某、现有股东李某为例。

王某、李某作为张某最初的创业伙伴其股权设计是以创始人张某为参照物的。王某、李某以自然人直接持股的方式各拥有该科技公司10%的股权，能够直接参与公司的管理。

而后王某因与张某、李某的经营理念不合退出该科技公司，以20万元的价格将自己所持10%的股权转让给张某，由于其购买股权时花费10万元，最终王某取得股权转让收益10万元。根据《个人所得税法》的相关规定，王某需要缴纳个人所得税共计10×20%=2万元，税款由有限合伙企业进行代扣缴纳。

在王某退出该科技公司后，李某继续作为张某的创业伙伴直接持有科技公司10%的股份。为了筹备公司的上市事宜，李某与创始人张某商议之后设立了控股公司，通过控股公司对该科技公司间接持股，如图9-4所示。

在这个过程中，李某除了拥有8%的直接持股股份外，还拥有18%的间接持股股份。他同创始人张某一样，拥有对科技公司一定的控制权，能够直接参与公司的运营管理。

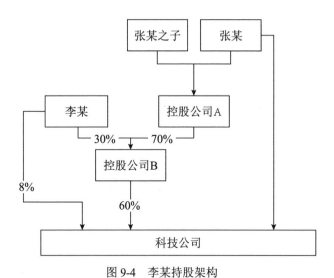

图 9-4　李某持股架构

9.2.3　核心员工：制定有限合伙方案

核心员工对公司的本质需求是股权的分红。核心员工对于任何企业来说都是不可或缺的强大动力，无论是公司初期的起步、中期的高速发展，还是后期的平稳运行，都离不开核心员工。因此，为了留住他们，公司在发展早期要目光长远，预留出中后期做员工期权激励的股权份额。一般在初次分配完成之后，股权同比例稀释预留 10% ～ 25%。

随着公司的发展，越来越多的员工开始行使期权。而为了保障利益最大化，能够进行合理的税收筹划，这些核心员工往往会作为 LP 与作为 GP 的创始人共同成立有限合伙企业，间接持股目标公司。根据我国《合伙企业法》的相关规定，LP 只享受股息分红，而没有公司的控制权与管理权。还以 9.2.1 案例中张某创立的科技公司为例。

张某在回购王某所持 10% 的股权后，将其作为激励员工的期权池。最初，张某作为 GP，公司中的一名高管作为 LP，两人共同设立有限合伙企业代持这 10% 的股权。如今，科技公司的发展趋势一片向好，张某许诺的期权行使时

间已到，科技公司的 10 位核心员工作为 LP 进入有限合伙企业开始行使期权。同时，张某为了与有限合伙企业进行风险隔离，自己设立了一人有限责任公司作为 GP 进行持股，如图 9-5 所示。

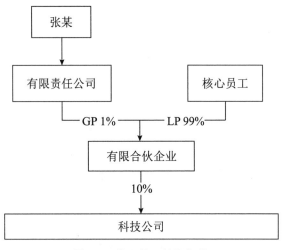

图 9-5　核心员工持股架构

　　在实行股权激励之前，公司需要判定股权激励是否构成股份支付。经过审核，该科技公司的股权激励属于股份支付。因此，从理论上来说，此次入股的员工要缴纳个人所得税，但是根据《财政部 国家税务总局关于完善股权激励和技术入股有关所得税政策的通知》的相关规定，符合条件的员工在行使股权时可延迟至股权被转让时再纳税。最终，这 10 名核心员工以每股 4 元低于市场价的价格行使了股权。

　　核心员工作为 LP，对有限合伙企业的债务只承担以认缴出资额为限的有限责任，不享有公司的控制权与管理权，但拥有利润优先分配权。

9.2.4　战略投资人：投资控股公司

　　战略投资人往往分为两种：一种是想长期持股的实业家，另一种则是想要在短期内变现的投资人。前者往往在观望公司发展一段时间之后便会投资目标公司的控股公司，以控股公司股东的身份间接持股目标公司，这样做的好处是能够免去股息分红再投资的税收。而后者通常选择以 LP 的身份通过有限合伙企业间接持股，这样做的好处是享有优先认购权和优先清算权，能够快速进入与快速退出股东之列，方便进行税收筹划。下面以 9.2.1 案例中的科技公司为例进行讲述。

在科技公司上市之前，张某想要吸引更多投资人，吸纳更多资金，搭建层次更为丰富的金字塔结构进行股权杠杆操作。有两位投资人在观望了张某的科技公司的发展全程之后与张某达成了投资协议，在股东大会表决通过后，这两位投资人成为该科技公司的新股东。

但是这两位投资人的目的各不相同，投资人甲想要长期持股该科技公司，而投资人乙则想在投资一段时间后将股权变现。最终，投资人甲与控股公司 B 共同设立控股公司 C 对该科技公司进行持股（图 9-6），而投资人乙则选择作为 LP 与张某成立的一人有限责任公司共同设立有限合伙企业持股该科技公司。

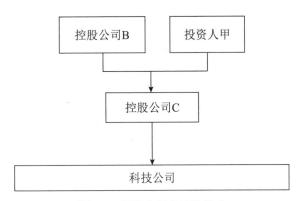

图 9-6　投资人甲的持股模式

在该科技公司上市之前，投资人乙以每股 15 元的价格将手中的股权转让，共获利 150 万元，而他购入该股权时花费 70 万元，最终投资人乙缴纳 16 万元个人所得税，税后纯利润为 64 万元。

之后，张某的科技公司在经过上市申报、审批等流程后，终于成功上市。在上市之前，张某的科技公司已经形成了集多种股权架构于一体的混合型股权架构，如图 9-7 所示。

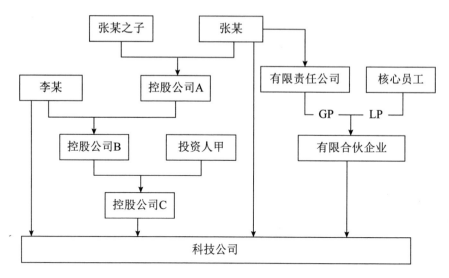

图 9-7 该科技公司上市前股权架构

混合型股权架构能够满足不同股东的不同需求，融合了不同股权架构的优势，但它并非一蹴而就。正如张某的科技公司的股权架构的变化过程一样，混合型股权架构是随着公司的发展逐渐完善的，公司要在不同的发展时期选择不同的股权分配方式。只有这样，才能在充分发挥各类股权架构优势的同时满足不同股东的需求。

案例分析：某上市公司的股权架构

结构复杂的上市公司往往存在多种诉求，为满足不同股东的不同诉求，上市公司往往采用混合型股权架构。以某上市公司 A 公司为例，在其发展过程中，混合型股权架构是业务运行的核心框架，以确保各股东对股权分配方案是认可和支持的。

9.3.1　申报IPO时的股权架构

A 公司是一家业内知名的家族式企业，由陈氏兄弟二人联手创立。经过20 余年的发展，A 公司于 2021 年通过 IPO 审核，并于 2022 年正式上市。在申报 IPO 时，A 公司的股权架构是复杂的混合型股权架构，即股东既包括陈氏兄弟二人，也包括有限合伙企业、控股公司等。

之所以采取这种复杂的混合型股权架构，是因为在 A 公司的发展过程中，仅凭陈氏兄弟二人的力量难以带领公司走得更远。因此，A 公司引入有限合伙企业与控股公司作为持股平台，吸引众多投资人投资。在保证分股不分权的前提下，陈氏兄弟将这些资金投入新产品研发与生产，希望将公司进一步做大、做强。

在提交 IPO 申报之前，A 公司的营业收入其实是远超其他同类竞争企业的。2019 年，A 公司的营收突破 70 亿元，而其 2020 年的营收则达到了 90 亿元。在净利润方面，A 公司的表现也十分突出。2019 年，A 公司的净利润达到 15亿元，2020 年的净利润突破 20 亿元。在整个行业中，A 公司的净利润可谓是遥遥领先。

A 公司具备出色的产品研发能力、高质量的管理体系与完整的供应链体系，而这些功能与体系的实现得益于混合型股权架构为该公司搭建起了稳定的内部结构。

A 公司的领导者无须争权夺利，管理者不各自为伍，员工也不浑水摸鱼，可以说，如果没有稳定的混合型股权架构作为支撑，A 公司很难获得今天的辉煌。

9.3.2　顶层架构设计：两大股权工具

从创建之初到 IPO 申报，无论是以自然人身份直接持股还是通过有限合伙企业或者控股公司间接持股，陈氏兄弟二人在 A 公司中一直保持着相同的持股比例。二人都是公司的实际控制人。为了保证在公司发展过程中兄弟二人的控制权不会随着股权的稀释而被分散，他们采用了两大股权工具：持股平台间接持股、一致行动人协议。

1. 持股平台间接持股

在公司上市前，为了保证自己的控制权，陈氏兄弟对股权架构进行了调整。他们共同成立了控股公司 B，各持股 50%；再以控股公司 B 为 GP 与财务投资人成立控股公司 C，间接持股 A 公司；接着又以控股公司 B 为 GP 与高管共同成立有限合伙企业 D，间接持股 A 公司。股权架构调整后，虽然 A 公司新增了两个持股平台，但两个平台的控制权都归控股公司 B 所有。陈氏兄弟通过持股平台间接持股的方式牢牢把握对 A 公司的控制权，如图 9-8 所示。

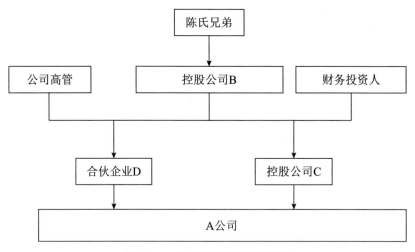

图 9-8　A 公司调整后的股权架构

2. 一致行动人协议

家族企业的问题往往来自家族内部。当家族企业内部拥有一个以上的掌权者时，他们的控制权与经营权会不可避免地产生重叠，一旦各位掌权者因为经营理念不合等原因产生冲突，极其容易造成企业发展方向失误，甚至会导致企业发展停滞。

陈氏兄弟为了避免二人出现内部矛盾，影响公司顺利上市，便签订了一份一致行动人协议。这是二人为了公司上市而采取的重要措施，其他想上市但又面临股权问题的公司可以借鉴该措施，从而保证公司的上市进程不会受到影响。

9.3.3 以混合型股权架构为核心

从 A 公司成立，到 IPO 申报，再到成功上市，其股权架构经过了很多次调整，如持股员工退出公司、投资人将股权转让、新投资人陆续进入股东之列等。可以说，A 公司在整体的股权架构变迁中形成了一个相对稳定的模式。

在进行 IPO 申报时，A 公司的主体股权架构是典型的混合型股权架构，如图 9-9 所示。

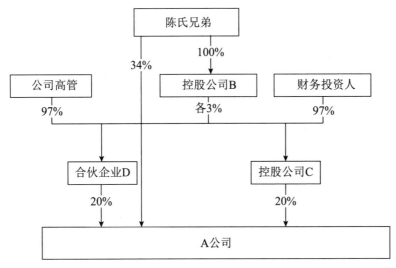

图 9-9　A 公司上市前股权架构（部分）

1. 陈氏兄弟多种方式持股

陈氏兄弟作为 A 公司的创始人，是 A 公司的灵魂人物，从一开始，他们二人的股权便是相同的。随着 A 公司的不断发展，他们成立控股公司 B，将一部分直接持股的股权转为间接持股。如此一来，A 公司的控制权还是在他们手中。

陈氏兄弟手中共计持有 34% 的股权，相比在进行股权转让时需要缴纳高额税款的控股型股权架构，这种自然人直接持股的方式可以通过更简单的流程、缴纳更低额度的个人所得税款来完成股权转让。同时，这部分股权的保留也为未来调整陈氏兄弟的股权，进而调整两人对 A 公司控制权的比例预留了空间，达到了分股不分权的效果。

2. 控股公司 C 作为投资人持股平台

大型集团要想在市场竞争中脱颖而出，离不开资金的支持，而控股公司 C 就为引入投资人搭建了一个入口。投资人可以通过控股公司 C 间接持股 A 公司，享受相应的股息分红。

3. 合伙企业 D 作为员工持股平台

给予员工期权意味着公司发展得很好，而期权也能激励员工更加用心工作。A 公司为了对公司高管进行奖励，搭建了合伙企业 D 作为员工持股平台。公司高管可以作为 LP 通过合伙企业 D 持股 A 公司，在享受股权激励分红的同时也不影响陈氏兄弟对公司的控制权。

A 公司的混合型股权架构十分典型，对有不同需求的不同股东都进行了针对性的股权设计，为其他有上市计划的公司搭建股权架构提供了一定的思路。

第10章
子公司股权架构：
制定个性化方案

　　一家发展成熟的公司不会无止境地一味扩大自身的规模，相比处在高速发展期的公司更加偏好高风险、高收益的发展战略，处于成熟期的公司往往会遵循稳重的低风险战略。这些公司通常会利用已有的资源在较为熟悉的业务领域内逐步扩张。而在这个过程中，这些公司采用的方法往往有两种：一种是开设分公司，另一种是设立子公司。

　　分公司没有独立的法律地位，不具备独立的法人资格，它是总公司的附属，并不是真正意义上的公司。子公司具有独立的法人资格，它有自己的董事会，是真正的公司。因此，分公司需要总公司承担债务，而子公司则自负盈亏。大部分公司都选择设立风险更小的子公司，并为其制定个性化发展方案。

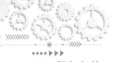
⑩ 10.1

创新型子公司：大力培育新业务

设立创新型子公司通常是母公司培育新业务的主要方法，创新型子公司是在母公司原有业务的基础上孵化新业务。而培育这些新业务往往有 4 种方法：完全体内控股、完全体外控股、剥离上市和体内参股。公司可以根据自身实际情况选择不同的培育新业务的方式。

10.1.1　成立新公司，在体内控股

完全体内控股的具体方法是成立一家新公司，由已上市公司或者拟上市公司作为大股东对新公司注资，使新公司成为其控股子公司，运营新业务。一般而言，控股母公司的出资比例会占控股子公司出资总额的 51% 及以上，拥有对控股子公司的相对控制权。下面以广东海天集团股份有限公司（以下简称"海天集团"）为例对体内控股进行详细讲解。

2000 年，海天集团正式成立于广东省佛山市，其最初的业务是调味料、豆制品及部分农副产品的生产、销售。人们在厨房中常常用到的酱油、黄豆酱等调味料、酱料有很大一部分来自海天集团，因此海天集团有着超高的国民度，而其业绩也随着国民度的提高不断上涨。

但随着时代的发展，越来越多的公司开始借助数字化技术搭建产业链生态，进行新媒体矩阵化营销，从产品的原料购买到产品的生产研发，最终到产

品的销售，形成了一套完整的生态闭环，大大提升了公司的竞争力。

海天集团作为调味料行业的龙头企业，其业绩也受到了一定的影响。痛定思痛，海天集团经过反复调研、讨论，最终确定了竞争力不足的原因：海天集团缺少独立的产品试验业务板块，无法及时进行原料的更新换代。

于是海天集团在 2017 年成立了广东天企生物科技有限公司（以下简称"天企科技"），致力于打造一条完善的产品研发生态链，构建以用户体验为核心、以产品品质为基础的食品制造业生态系统，为用户提供连通全套厨房调味料产品的相关服务，开放线上、线下全方位的新产品购买渠道。经过几次股权调整，天企科技最终的股权架构如图 10-1 所示。

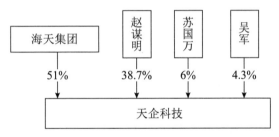

图 10-1　天企科技股权架构

海天集团将原料的技术研究和试验作为重点业务板块单独成立新公司进行业务运营，此举除了意在提升海天集团在市场中的竞争力外，还出于以下几方面的考虑。

1. 新业务公司能够独立上市

根据我国相关法律规定，很多上市公司的分拆子公司无法申报主板、创业板 IPO。《科创板上市公司持续监管办法（试行）》第三十一条规定："达到一定规模的上市公司，可以依据法律法规、中国证监会和交易所有关规定，分拆业务独立、符合条件的子公司在科创板上市。"因此，即使海天集团上市后，天企科技也可以作为其子公司申报新三板、科创板等。

例如，恒大地产的控股子公司恒大文化、正保远程教育的控股子公司正保育才等，均作为上市公司的控股子公司成功上市。

2. 不同业务能够自由发展

此次成立天企科技作为原料的技术研究及试验公司，进一步打造了从产

品的原料选取到研发生产再到上架销售的完整产业链布局。天企科技是海天集团首次将具有数字化技术基因的业务板块单独成立控股子公司的实例，海天集团将其拆分出来单独成立公司，使其能够自由发展。此次业务的拆分会减少海天集团在原料的选取及实验研究中可能遇到的困难。

3. 打造完整产业链闭环，提升自身价值

在新公司中开展新业务，有助于打造完整的产业链闭环，实现业务上下游的贯通。同时，新业务的拆分有助于资本市场对其进行客观的估值。对投资人来说，多元化业务模式较为复杂，难以对公司进行准确的价值判断，而且一旦有一项业务是其中的短板，整个公司的价值都会被拉低。而将不同种类业务拆分成立子公司独立运营，无论是母公司还是子公司，都会实现价值释放、提升自身价值，投资人也就能够对其价值有明确的评估。

资料来源：微信公众平台科创南海《科创新势力 ⑪丨天企生物：健康调味品探索者，把握调味基料新动"肽"》、天眼查等

10.1.2　剥离新业务，实现体外控股

完全体外控股与完全体内控股不同，它虽然也是通过成立一家新的公司开展新业务，但其投资主体是实际控制人，而非实际控制人名下的上市公司或拟上市公司。完全体外控股也可以叫作体外孵化模式，这种底层架构不仅适用于新业务的孵化，同时也适用于公司进行市值管理，而且可以避免上市公司承担较大的资金压力和风险。

不过目前大多数公司是将完全体内控股与完全体外控股被动地结合起来，将老业务转化为新业务，由体内控股转为体外控股，最终成功上市。

A公司就是利用这种方式成功上市的，但其上市之路异常坎坷。在上市前，A公司大刀阔斧地进行了股权架构改革，终于符合了上市标准。在进行股权架构改革前，A公司的股权架构是典型的控股型股权架构。

创始人刘某持股A集团，A集团作为大股东控股A公司。在进行股权架构调整前，A公司旗下的业务主要分为两大类：一类是软硬件开发业务，另一

类是数据标注业务。A 公司旗下有两家公司：一家是产品开发公司，另一家是数据公司。

按照刘某的设想，A 公司旗下的产品开发公司能够为软硬件开发业务的发展奠定基础，而数据标注业务的开展也能够为产品开发公司提供更强大的发展动力。两者能够相互助力、共同进步，而这也将在 A 公司上市时大大提升投资市场对其的估值。

然而，现实却给了刘某沉重一击。自产品开发公司和数据公司成立以来，两个公司的发展始终不太顺利。在激烈的市场角逐中，两家公司逐渐败下阵来，甚至出现了连年亏损的情况。这种情况严重影响到投资人对 A 公司的整体估值。为了挽救 A 公司，为其上市之路扫清障碍，刘某决定将 A 公司的数据标注业务剥离出来。

首先，刘某将 A 公司的 5 个控股股东集中起来，共同注资成立一个新的股份有限公司——B 控股公司。其次，经股东大会表决同意，将 A 公司旗下的数据公司独立出来，转让其全部股权给 B 控股公司。经过此次业务重组，B 控股公司成为与 A 公司同级的公司。

A 公司作为上市主体，依旧运营软硬件开发业务，而 B 控股公司作为完全体外控股公司，运营数据标注业务。业务板块重组之后，A 公司顺利上市。

此次调整业务板块，除了为 A 公司上市做铺垫外，还分散了其财务上的风险，使其主业免受其他业务动荡的波及。旗下两家公司连年亏损成为 A 公司上市的阻碍，而数据标注业务作为 A 公司未来重点发展的新业务，也不太适合被直接叫停。在这种情况下，将数据标注业务从 A 公司中剥离出来就成为一个十分不错的选择。

完成业务剥离，实现完全体外控股后，A 公司面临的风险大大降低，同时也保全了 A 公司模式成熟、经营稳定的软硬件开发业务。如此一来，A 公司的盈利状况大幅改善，市场对其的估值也有所增加，其最终成功上市，获得了非常不错的发展。

10.1.3 将新老业务拆分，降低上市难度

很多传统的大型公司在发展到一定程度时，经营的业务会扩展到很多新的领域，但新老业务之间往往存在着各种冲突。为了更好地同时经营两种及以上的业务，降低上市难度，很多公司会采取将新老业务拆分的方式。

所谓拆分新老业务，实际上就是将实际控制人控制的非上市业务板块剥离出新的业务，由实际控制人注资成立新公司用于新业务的运营。下面以A餐饮公司为例对新老业务拆分进行具体讲述。

2000年，张某与梁某共同成立了一家以地道川菜为特色的A餐饮公司，在此后近10年的发展中，公司先后开设了10余家川菜门店，生意十分红火。在不断推出新菜品的同时，公司推出的火锅底料、豆瓣酱等调味品也受到了诸多客户的喜爱。

2012年，A餐饮公司注册成立了一家控股子公司B餐饮公司，并将发展得越来越好的调味品业务拆分到该公司。此时，A餐饮公司股权架构如图10-2所示。

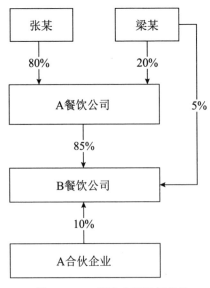

图 10-2　A餐饮公司股权架构

在最初成立 A 餐饮公司时，张某为创始人，持股 80%，而梁某作为其创业伙伴持股 20%。在成立 B 餐饮公司后，二人持股的 A 餐饮公司持股 B 餐饮公司 85%，梁某独自持股 5%，A 餐饮公司注册成立的 A 合伙企业持股 10%。其中，A 合伙企业是为员工打造的持股平台。

A 餐饮公司通过成立新公司的方法，实现了新业务的拆分。完成拆分之后，两家公司都获得了较好的发展。此前，公司的调味品业务与原有的餐饮业务存在较大的冲突。调味品业务能够为公司带来更多利润，但 A 餐饮公司传统的餐饮业务是以堂食为主、调味品为辅，因此无法用统一的团队运营这两种业务。业务拆分之后，B 餐饮公司可以招聘新的运营团队运营调味品生产、销售业务，获得更好的发展。

同时，B 餐饮公司对股权架构的设计十分巧妙。A 合伙企业给员工持股提供了途径，更有利于公司引入人才。

此外，新老业务的拆分也为各公司之后的单独上市做好了准备。在拆分业务之际，张某便考虑到了未来上市的需要。当时张某曾考虑过以 A 餐饮公司为主体进行上市，但该公司上市面临很多问题，其中一个问题便是财务核算问题。因为当时人们在饭店中普遍使用现金或刷卡支付，无法追踪饭店收入的真实来源。

而在业务拆分之后，B 餐饮公司主要通过线上平台销售产品，随着线上多重销售途径的打通，B 餐饮公司的利润逐年增加，引起了资本市场的关注。而 B 餐饮公司也在火锅底料、浓缩调料两大细分领域不断推陈出新，占据了越来越多的市场份额。

在上市前景方面，主攻线上销售的 B 餐饮公司显示出了更大的发展潜力。因此，最终张某决定以 B 餐饮公司为主体申请上市。

将新老业务拆分，以更具潜力的经营新业务的子公司作为上市主体在市场中是十分常见的。经过长期的发展，很多公司原有业务的发展空间越来越小，新业务更具发展潜力，同时新老业务之间存在明显的差异。在这种情况下，将新老业务进行拆分，经营新业务的子公司更容易成功上市。

10.1.4　增加新参股公司，强化控制权

体内参股是由实际控制人在体外控股，拟上市公司或者上市公司参股。体内参股是公司为了提高自身竞争力，打造上下游统一产业链的产物。一条完整的产业链不仅能够提升公司的竞争力，还能够提升公司在整个行业内的话语权。

湖南省金健米业股份有限公司（以下简称"金健米业"）是国家级科技创新型龙头企业之一，多次获得"全国优秀食品工业企业""中国主食加工示范企业"等称号。

金健米业于 1998 年在湖南省常德市成立，经营业务属于农副食品加工业，发展到 2022 年，拥有千余名在岗员工。金健米业是湖南省家喻户晓的粮油品牌，其粮油产品在省内的市场占有率很高。早在 1998 年，金健米业就在 A 股成功挂牌上市。

2005 年 3 月，金健米业发布公告，宣布以 323.4 万元的价格收购深圳市兴嘉科技有限公司和嘉业达（香港）公司持有的湖南嘉业达电子有限公司（以下简称"嘉业达"）9.8% 的股权。常德艳洲水电实业有限公司（以下简称"艳洲水电"）与湖南嘉盛电陶新材料股份有限公司（以下简称"嘉盛电陶"）在之后分别收购了其剩余的 90.2% 的股权。在全部交易完成后，金健米业成为嘉业达新的参股公司，嘉业达股权架构如图 10-3 所示。

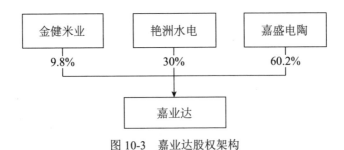

图 10-3　嘉业达股权架构

金健米业之所以要参股一个看似与自己主营业务关系不大的电子公司，主要有两个原因。

1. 传统业务增长缓慢，金健米业急需寻找新的利润增长点

金健米业是由湖南省粮食集团有限责任公司控股成立的公司。金健米业自成立以来，一直致力于构建农业、工业、科技、贸易一体化的现代农业产业化经营模式，为人民开发、生产、销售优质粮油与健康食品。金健米业的主要产品有大米、面条等主食以及植物油等副食品，后来还添加了牛奶、布丁等休闲食品生产、销售的业务。

粮油制品的开发、生产及销售是金健米业的主要业务，占其营收的一半以上。背靠湖南省粮食集团有限责任公司，金健米业的发展可谓顺风顺水。但随着行业进入存量时代，金健米业的业绩增长速度逐渐放缓，利润提升曲线逐渐趋于平缓。

而其余农产品贸易及乳制品等休闲食品的整体占比不及粮油制品，其市场虽然较为稳定，但金健米业在这个领域没有很大的竞争优势。为了在粮油市场受到影响时能够找到下一个利润增长点，金健米业决定提升对产品研发的投入，参股嘉业达。

2. 嘉业达能够为金健米业提供设备支持

嘉业达原名深圳嘉业达电子有限公司，于 1996 年成立，在 2004 年被湖南省招商引资到常德市。嘉业达是一家电子公司，其主营业务是研发、生产压电陶瓷等电子设备原件。在迁到常德市之前，嘉业达便已经拥有了较为先进的科学研发技术的研发团队。

金健米业向上游研发技术领域延伸参股嘉业达，能够进一步降低成本。嘉业达所生产的压电陶瓷系列元器件、雾化片组件等产品，能够应用到金健米业的粮油制品生产中来，如避免高温下设备产生裂纹、减少粉尘产生、延长电池寿命等。

金健米业入股嘉业达，有助于其加强对上游电子元件供应商的控制力，能够形成稳定的供应源，形成上下游联动效应。如此一来，不仅可以进一步优化公司的发展战略布局，还能够提高公司的盈利水平。

对于金健米业而言，选择体内参股方式持股可以在财务方面获得一定的优势。如果嘉业达出现财务亏损，金健米业无须在报表中反馈，但是在获得股息分红时，金健米业可以确定其投资收益。

对于嘉业达来说，它与金健米业的业务不存在竞争关系，也不必受制于它。同时，嘉业达不是金健米业的第一大供应商，在未来进行 IPO 申报时也不会受到阻碍。

10.2
复制型子公司：感受跟投机制的魅力

复制型子公司与创新型子公司虽然都是从母公司分离出来的子公司，但其内在的业务发展机制却大相径庭。若子公司经营的业务是对母公司成熟业务的复制，那么这类子公司就被称为复制型子公司。一般而言，复制型子公司所采用的投资形式是项目跟投机制，主要有事业合伙人与员工跟投两种方式。

10.2.1 引入事业合伙人，跟投项目

现在很多大型集团都青睐于通过跟投项目的方式引入事业合伙人，即以项目作为独立核算的主体，股东和参与该主体运营的事业合伙人共同投资、共享利润。由此形成的跟投机制不仅可以加快业务发展，让整个团队拥有"当家人"意识，还可以更好地稳定和吸引人才，推动内部资源整合，从而使股东和事业合伙人获得更高的回报。

某上市公司 A 集团为事业合伙人提供了可以跟投的项目，最终达到了非常不错的激励效果。下面就来详细讲述一下 A 集团的跟投机制。

A 集团将跟投人员分为 3 类：A 类为管理层；B 类为部门经理及利益相关人；C 类为总部、子公司及其他一线公司的员工（试用期除外）。这 3 类跟投人员有不同的跟投额度，具体如表 10-1 所示。

表 10-1　跟投人员及额度设置

人 员 类 别	额 度 限 制
A 类跟投人员	董事长、总裁：20 万元≤个人跟投金额≤80 万元 其余管理层：10 万元≤个人跟投金额≤40 万元 　（一年超过税后年收入的 30% 方可放弃） 投资总额不超过募集总额的 40%
B 类跟投人员	0 元≤个人跟投金额≤20 万元 投资总额不超过募集总额的 40%
C 类跟投人员	0 元≤个人跟投金额≤10 万元 投资总额不超过募集总额的 20%

截至 2022 年 6 月，A 集团共有 19 家子公司的 29 个项目实施了跟投机制，大家纷纷踊跃认购，其中一些项目的认购率甚至超过了 98%。该机制为 A 集团的项目提供了一定的现金流，而且在项目质量、施工进度、成本节约等方面都产生了显著效果。

对于 A 集团来说，跟投机制是促进其发展的重要推动力之一。其创始人曾公开表示，建立跟投机制的目的是进一步激发组织活力，让整个团队都可以持续创造更大的价值。与此同时，跟投机制也可以在管理层与股东及其他人员之间建立坚固的利益纽带，从而进一步提升组织绩效，优化运营与管理体系。

未来，A 集团将不断探索更完善的跟投机制，挖掘更多合适的事业合伙人。当 A 集团将事业合伙人与项目"捆绑"在一起后，其发展就会更上一层楼。

10.2.2　推出成就共享计划，让员工跟投

成就共享计划与跟投机制非常相似，都是为了对表现良好的员工进行奖励，同时推动公司获得更好的发展。

A 公司在 2022 年实施了成就共享计划。该计划明确规定，只要项目的现金流和利润指标达到了要求，A 公司便会为项目的管理团队发放现金奖励以及向员工发放行使期权的对价支付金。

A 公司目前共有上百个项目引入成就共享计划，通过一系列操作，其项目完成效率有了很大提升，现金流回正周期也大幅度缩短。更重要的是，其净

利润率与年化资金自由收益率都显著增加。成就共享计划的本质是，在不涉及集团层面的股权变动的前提下，在项目层面，让更多人才能够获得更高的收益。

在双赢的情况下，人才会更愿意为 A 公司付出，为 A 公司赚取更丰厚的盈利提供助力。由于 A 公司的成就共享计划要求项目自有资金投入之日起，必须在两年内全额回笼，回笼资金数额要大于投入与自有资金年化效益之和。因此，A 公司无须担心资金链安全问题。

需要注意的是，虽然成就共享计划给 A 公司带来了好处，但它并不适合所有公司。例如，在互联网行业中，成就共享计划被大规模使用并取得了非常不错的效果，但制造行业则鲜有这方面的成功案例。因此，公司使用成就共享计划的前提是确保其符合自身实际情况。

10.2.3　跟投机制为企业提供实施激励的途径

无论是跟投机制还是事业合伙人，本质都是股权激励。对于人才来说，单纯的工资或奖金可能难以满足他们对公司的需求，只有将他们想要的价值回报与公司的持续增值紧密联系在一起，才能够促使他们为公司持续谋取利益。在这个过程中，最常用的方法便是跟投机制。

跟投机制是一种长期激励，员工的职位越高，他对公司业绩的影响越大，因此要将员工与公司筑成利益共同体。这样不仅可以让其更加关注公司的长期发展，并对公司负责，还可以减少公司管理成本，下放权力给员工，激发员工的工作热情与积极性。

跟投机制覆盖面广、时效性强，所有员工都能够跟投项目。对于员工来说，这种方式相较于难以覆盖到全体员工的普通期权激励机制更先进，能够更快地获得自己应得的利益。除此之外，跟投机制可以在股权架构不清晰的公司中应用，或作为普通期权激励的补充。但需要注意的是，想要实施跟投机制的公司至少应该具备以下两个条件。

1. 有完整的业务流程

以大型连锁餐饮集团为例，其业务流程基本上都是"菜品研发—原料购买—菜品制作—菜品出售"。如果其子公司将烤鱼这一业务拆分出来，使自己成为可以独立运营的公司，那就相当于实行了跟投机制，并能获得更高的收益。因为烤鱼作为一个相对独立的业务，在餐饮行业中同样能够实现"菜品研发—原料购买—菜品制作—菜品出售"这一完整的业务流程，而不需要依赖母公司。

2. 能抓住业务流程的重要环节

以投资机构为例，几乎所有投资机构都遵循着"找项目—与创业者谈判—签署合同—获得股权和分红—卖出/转让股权—退出项目—再找项目……"这样的循环模式。在这种模式下，找项目的速度和项目的质量十分重要，它们是投资机构在竞争中胜出的关键。

在引入跟投机制后，投资机构上自集团层面，下至项目层面，所有员工都有了一致的利益目标——找到好项目，从而使找项目的效率以及找到好项目的概率大大提升。因此，现在已经有一部分投资机构使用了跟投机制，并取得了不错的成绩。

随着跟投机制的进一步完善与实践案例的不断增多，除了前文提到的餐饮集团和投资机构外，主营房地产、旅游等业务的公司也可以逐步引入跟投机制。不过，此类公司需要根据自身情况对跟投机制进行调整和优化，从而更好地指导各部门和团队朝着正确的方向努力。

10.2.4 案例分析：华为是如何激励员工的

华为技术有限公司（以下简称"华为"）于1987年在广东省深圳市成立。历经30多年的风云变迁，华为已经成长为全球领先的信息与通信技术解决方案供应商，在云计算、终端等领域持续为用户提供最优质的产品与服务。但在华为诞生之初，它也只是一个仅有6位股东、注册资本仅2万元的小公司。

在发展早期，因为公司规模小、营收不高，华为无法通过上市的方法获取银行和公众融资。但没有资金，公司就无法获得发展。于是在 1990 年，华为推出了员工持股计划，将员工作为事业合伙人，通过内部融资，华为渡过了难关。

1997 年，华为对股权架构进行了改革，改革后的员工股份由华为工会和华为新技术股份有限公司工会集中托管。

2000 年，华为再次对股权架构进行改组，最终形成创始人任正非持 1.1% 的股份与华为工会持 98.9% 股份并立的股权架构。

2001 年，华为推出虚拟受限股计划，旨在将股权激励由普惠性转为重点激励。员工获得的多数收益由以往的固定分红变为股份对应的公司净资产增值部分。

2003 年，华为投资控股有限公司成立（以下简称"华为控股"），股东为任正非和华为投资控股有限公司工会委员会。华为投控的控股子公司就是华为。因此，虽然华为创始人任正非手中只有 1.1% 的股权，但华为的实际控制人还是任正非。因为华为工会所集中托管的虚拟受限股没有管理权，实体股东只有任正非一人。

华为为了让没有管理权的事业合伙人也能够拥有参与权，从持股的员工中选出 17 人，让他们进入华为投控的董事会。而成立华为投控作为持股平台，不仅方便华为的资本运作，也使得原本较为复杂的事业合伙人激励制度更容易被员工股东理解。

2008 年，很多华为的老员工手中拥有大量股权，且还在持续买入，而留给新员工的股权却不多。因此，华为在虚拟受限股的基础上，开始实行饱和配股制度。员工根据自己的级别享有不同的配股上限，例如，13 级员工的配股上限为 2 万股，14 级员工则为 5 万股。如此一来，新员工的工作热情与积极性都大大增强，华为的事业合伙人也越来越多。

到了 2013 年，为了让更多的基层员工享受到华为发展带来的红利，"时间单位计划"应运而生。在"时间单位计划"下，员工无须购买股权，华为每年会根据员工的级别、贡献等给员工分配期权，每 5 年一结算。

截至 2021 年，华为在全球共有 19.5 万余名员工，其中 8 万人是持股华为的事业合伙人。在华为这些年的发展中，它通过不断地调整自身的股权激励制度，源源不断地引入事业合伙人，不仅实现了对员工的激励，还持续获得内部融资。2004 年至今，华为获得了超过 260 亿元的内部融资。

当然，无论事业合伙人的实现形式如何变化，其最终目的都是给予员工股权激励，而不是获得融资。因此，公司在实行事业合伙人制度时切记不要本末倒置。

资料来源：百度文库《华为事业合伙人制度》

10.3
拆分型子公司：拆分价值链体系

拆分型子公司是将其母公司中的成熟业务价值链拆分成环环相扣的环节，将其中的某一环节完全剥离出来成立单独运营的公司。

10.3.1 核心公司为什么要做拆分

2020 年，厦门钨业股份有限公司（以下简称"厦门钨业"）宣布将其控股子公司厦门厦钨新能源材料有限公司（以下简称"厦钨新能源"）拆分至科创板上市。而厦门钨业之所以将厦钨新能源拆分上市，主要是出于以下几个因素的考虑。

1. 降低管理成本，提高生产效率

厦门钨业于 1997 年成立，至今已有 20 多年的历史，是世界上最大的钨冶炼生产厂商。公司规模扩大了，业务领域变广了，员工也增多了，公司成本随之上涨，但是生产效率没有变化。因此，厦门钨业将其旗下的新能源业务拆分出去成立子公司，并为其设计更灵活、更合理的组织管理结构与薪酬体系。

厦钨新能源作为一家独立的公司，管理层的薪酬体系和公司的业绩有直

接的联系，厦门钨业能够更好地对子公司的管理者进行业绩评估。而厦钨新能源拆分上市也有利于提升公司其他业务板块员工工作的积极性，使公司整体的生产效率获得较大的提升，对持续提高公司业绩起到积极作用。

2. 实现资产增值，便于资本运作

厦钨新能源于2021年8月在上海证券交易所科创板上市。作为一家上市公司，厦钨新能源将持续公开有关其业务经营发展状况的信息，资本市场也将对其进行更为合理的估值。通过分析和评估，以锂离子电池正极材料生产、研发、销售为主要业务的厦钨新能源的内在价值将会得到市场的肯定，并且得到充分的释放。

除此之外，通过拆分上市，厦钨新能源实现独立估值，其自身与其母公司厦门钨业的价值都能够得到提升，从而获得资本溢价，实现资产的保值与进一步增值。

3. 业务经营地的政策优惠

厦钨新能源的经营地位于中国（福建）自由贸易试验区厦门片区（以下简称"厦门自贸区"）。根据厦门自贸区的相关政策，在此处注册企业，当日就能够完成全套注册流程。而且企业在该地区还可以享受各种开放政策，降低融资成本的同时还能够提高融资效率。而且对于国家重点支持的高新技术企业，厦门自贸区还有相应的运营补贴等优惠政策。

资料来源：厦门钨业公司公告《厦门钨业关于分拆所属子公司厦门厦钨新能源材料有限公司至科创板上市的预案》

10.3.2　拆分价值链体系的流程

对于想要拆分价值链体系成立子公司的公司来说，最重要的环节是拆分价值链体系流程的搭建。在拆分之前，公司要想对获得怎样的公司拥有一个清晰的认知，事先就要决定好应用哪种股权架构以及如何分配股权，避免后期上市时股权架构改动过大，引起不必要的麻烦。

例如，呷哺呷哺原定于2012年上市，最终由于其大股东在IPO申报关键时期转让股份，导致其上市延后，没有赶上政策变化之前的"末班车"。

在确定拆分哪项业务之后，公司要将搭建新的价值链体系的流程具象化，而不是毫无章程地设立子公司、经营新业务。下面以厦门钨业为例具体讲述其如何进行价值链体系的拆分。

首先，厦门钨业将自己的新能源业务于 2016 年拆分出去，成立厦钨新能源。

其次，在厦钨新能源拆分上市之前，厦门钨业便将其改制为股份有限公司，同时以每股 1 元的价格购入厦钨新能源股本 1.8 亿余份，确保自身对厦钨新能源上市之后的控制权。

最后，厦钨新能源在上海证券交易所科创板发起 IPO 申请。

需要注意的是，并非所有拆分型子公司都能够顺利提交 IPO 申请。根据我国相关法律规定，主营业务相同或相近的子公司和母公司很难提出上市申请。厦门钨业的主营业务是钨钼、稀土业务，主要产品是稀土氧化物、钨精矿、粉末产品等。厦钨新能源的主营业务是电子元件及组件、新材料服务的推广等。因此，二者之间不存在相同或相近的主营业务，业务没有重叠和竞争，厦钨新能源得以在科创板顺利上市。

在搭建子公司的业务价值链体系时，母公司要注意做好整条供应链各环节的良好嫁接，并为新公司提供所需的人力资源。例如，A 公司与厦门钨业签订了新能源业务合同，在将新能源业务拆分到厦钨新能源之后，厦门钨业要负责为 A 公司和厦钨新能源互相引荐，平稳过渡手中的新能源业务给子公司，并为其配备技术团队，而不是让其"白手起家"。

资料来源：厦门钨业公司公告《厦门钨业关于分拆所属子公司厦门厦钨新能源材料有限公司至科创板上市的预案》

10.3.3　哪些业务适合被拆分

拆分业务或业务的某些环节，把它们单独设立一个子公司进行运营，其目的大多是为后续上市做铺垫。而单独的子公司上市并非最终目的，通过一个子公司的上市带动其他子公司乃至整个企业集团的上市才是拆分上市的最终目的。

一般而言，拆分后的各个子公司的总估值会比业务繁杂的总公司的估值更高。因为投资人会对在某一细分领域有突出业绩的公司给予更高评价，认为它拥有核心竞争力。

因此，被拆分的业务通常是有潜力的新业务，而非母公司发展成熟的业务。而且被拆分业务的"研发—生产—销售"的生态链条各个环节并不复杂，若想要将由复杂环节构成的业务完全拆分出来组建新公司，涉及的范围很大，员工岗位调动也会很多。以厦门钨业为例。

因为新能源业务是其近年来发展的新业务，负责这项业务的管理人员以及与该项业务有关的员工大多是新招聘的人才。因此，即使将新能源业务拆分出去组建新公司，员工也不会抵触这一决定。

而且很多投资人可能只对某一项业务感兴趣，如果可以将这种有潜力的业务拆分出来，能够吸引投资人更加积极地投资。而新能源作为当下十分火热的投资领域，一直被资本市场看好，新能源业务是具有十足发展潜力的新兴业务。所以，厦钨新能源才能够在拆分之后取得不错的成绩，上市之后的业绩也是一路稳中向好。

除了拆分具有潜力的新兴业务外，公司拆分业务还可以因地制宜，靠市场拆分业务。例如，某项业务所需要的原料只能在某地生产，那么就可以在该地成立子公司，将该项业务作为一项独立业务运营。麦当劳、肯德基等品牌都采取了这一战略，因为中国消费者的口味与众不同，造成中国市场对其产品的需求也与其他市场不同。因此，麦当劳、肯德基等品牌将中国市场拆分出来，引入本地投资人，独立募资上市。

下篇 股权架构重组规划

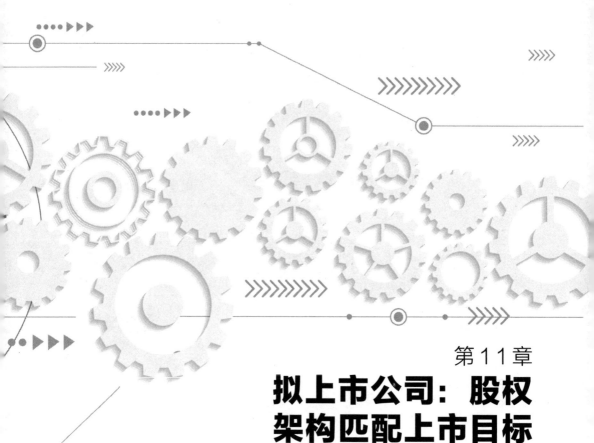

第11章

拟上市公司：股权架构匹配上市目标

很多拟上市公司在选择未来的上市路线时往往会陷入两难境地，不知是该在境内上市还是该在境外上市。但其实境内上市与境外上市各有优势也各有劣势，每家企业都有自己的实际需求，企业应当根据自身需要选择在境内或境外上市，让企业的股权架构匹配上市目标。

11.1

境内上市的股权架构

境内上市公司的市盈率大多为 30 ～ 40 倍，发行市盈率长期高于其他市场交易的同行业股票市盈率。可以说，能让上市公司在发行股票时，用同样的股份融到更多的资金是境内上市的核心优势。

11.1.1　PE融资的优势

PE（private equity，私募股权）融资源于美国。之前，私人银行家根据律师、会计师的安排，投资风险较大的石油、铁路等新兴行业，这是最初的 PE 融资；现在，PE 融资是指创业者私下与特定投资人或债务人商谈，并借此来筹集资金。

PE 融资包括私有股权融资和私募债务融资两种。其中，私有股权融资的融资方式是出售股权，而私募债务融资的融资方式是发行债券。但无论是哪一种，都属于非上市公司的权益性融资，通常比较适用处于发展中后期成熟的公司。

PE 融资以具备发展潜力的非上市公司为主体，将能够通过上市带来高额投资回报视为选择项目的标准。2014 年，微众传媒宣布获得数千万美元的 B 轮融资，此轮融资由鼎晖领投，启赋基金等 4 家投资机构跟投。

微众传媒表示，B 轮融资的主要目的是发展业务，以及为之后的上市奠定基础。鼎晖的合伙人晏小平非常看好微众传媒的团队、技术和商业模式，他在很早之前就认为微众传媒的上市是水到渠成的事情。

从本质上来看，PE 融资是一种权益性融资，不仅会给公司带来资金，还会为管理层的管理、决策提供支持。鼎晖在完成对微众传媒的投资后，还在战略梳理、团队建设、资本规划、客户推荐等方面对微众传媒给予帮助。

一般来说，在进行 PE 融资的过程中，投资人对被投资公司的管理享有一定的表决权。在投资工具上，PE 融资一般会采用普通股、可转让优先股以及可转债的形式。PE 融资对被投资公司的管理支持表现在 5 个方面，如图 11-1 所示。

图 11-1　PE 融资对被投资公司的管理支持

PE 投资人通常有着丰富的行业经验以及大量的资源，可以为公司提供人才、融资、上市、发展战略、制度等方面的支持。如今，我国有一些投资机构专注于 PE 融资，如鼎晖投资、九鼎投资、复兴资本等。

PE 融资和风险投资的不同之处在于，后者更倾向于早期成长公司，而前者则看重有发展潜力的非上市公司，即中后期成熟的公司。对于中后期成熟的公司来说，PE 融资具有四大优势，如图 11-2 所示。

图 11-2　PE 融资的四大优势

1. 为公司带来资金支持

PE 融资主要通过非公开的方式面向投资人募集资金。PE 融资的资金来源广泛，如政府引导基金、各类母基金、社保基金、金融机构基金等。此外，上市公司、国企、民企、富有的个人、战略投资人等也可以为 PE 融资提供相应的资金。

PE 融资使公司的资金规模得以扩大，提高了公司的竞争力和再融资能力，同时也使公司的负债率大大降低，降低了公司的财务风险。蚂蚁金服曾经创下全球互联网行业最大的单笔 PE 融资纪录，参与者包括中投海外、建信信托（中国建设银行下属子公司）、中邮集团（邮储银行母公司）、国开金融和春华资本等。

蚂蚁金服的 PE 融资是真正意义上的全球化融资。蚂蚁金服通过进行 PE 融资掌握了国内外的资金和资源，更加有利于全球化业务扩展、全球顶尖人才招募以及金融核心业务发展。如今，蚂蚁金服已经成功投资孵化了多个"独角兽"。

2. 优化股权架构，提升公司形象

PE 融资一方面能为公司带来雄厚的资金，另一方面为公司带来新的股东，优化股权架构。这些股东会在公司的经营发展中扮演重要角色，他们会积极参与和管理公司的主要事务，并对财务决策和发展战略提出自己的看法，从而使公司的形象得到进一步提升。

3. 协助公司上市

PE 融资能够在一定程度上协助公司上市。通常来说，公司在上市前需要满足一定的要求，即能够在一段时间内实现持续盈利，并保持较高的净利润和营业收入增长率。因此，公司如果想顺利上市，就需要引入资金。而 PE 融资就能够在其中发挥重要的作用。

4. 有利于股东变现

从某种角度来看，公司进行 PE 融资的目的其实是帮助股东变现。在进行

PE融资时，公司需要将一部分股权分给投资人，即通过出让部分股权换得资金。另外，如果公司通过募集到的资金成功上市，股东还可以进一步提高自己的收益。

PE融资还可以为公司带来更多的增值服务，如发展战略制定、管理结构优化、业务策略制定、公司再融资等。这些增值服务可以改善公司的治理结构、更新管理理念，从而帮助其创造更多的价值，实现快速发展。

11.1.2 股权置换操作方案

在越发激烈的市场竞争中，一家公司想要做大、做强，选择与其他公司进行合作是明智之举，而股权置换便是与其他公司合作的方法之一。股权置换是指两家或两家以上的公司通过交换股权，实现交叉持股，建立利益关系的一种交易方式。

股权置换一般通过增发新股实现，假设A公司希望获得B公司的股权，则可以向B公司的股东C公司提出协商交易。A公司增发新股时，C公司以自身拥有的B公司股权等价交换A公司新增的股份。这样一来，A公司便成了B公司的股东，C公司则成了A公司的股东，三者形成利益联盟。

在实际应用中，股权置换并不局限于公司之间使用股份进行交易，公司还可以使用资产、现金等方式进行股权置换。

总而言之，股权置换作为公司之间的一种交易模式，关乎多家公司的未来发展。股权置换能够帮助公司调整股权比例，优化公司股权架构，实现资源整合，达成强强联手、共创多赢的局面。

11.1.3 如何进行股份制改造

由于多种原因，公司上市前多以有限责任公司的形式存在，所以需要进行股份制改造以达到上市要求。改制的具体步骤包括增资扩股、进行评估和审计、召开董事会和股东会审议改制事宜、名称预先核准、申请变更、股份设立等。

1. 什么是股份制改造

股份制改造是指普通公司按照《公司法》和《证券法》等法律规定，通过发行股票等方式筹集资金，改造为股份制有限公司进行生产经营。普通公司进行股份制改造的目的通常有以下 4 个：

（1）建立健全现代企业制度；

（2）产权清晰、权责明确；

（3）实现政企分离，让企业拥有独立的经营权；

（4）建立科学的管理制度。

2. 股份制改造要求

（1）发起人的资格和人数。股份制改造发起人若是企业投资人，则涉及原公司组织形式变更，此时需要根据《公司法》第七十八条筛选发起人的资格和人数："设立股份有限公司，应当有二人以上二百人以下为发起人，其中须有半数以上的发起人在中国境内有住所。"发起人可以是自然人，也可以是法人。原有公司作为发起人的，要经原有公司资产所有者的批准。如不以原有公司作为发起人，可以以原有公司投资人作为设立公司的发起人。

（2）发起人股本和认缴方式。为了达到保护债权人利益的目的，股份有限公司需要具备基本的责任能力。《公司法》第八十条规定："股份有限公司采取发起设立方式设立的，注册资本为在公司登记机关登记的全体发起人认购的股本总额。在发起人认购的股份缴足前，不得向他人募集股份。股份有限公司采取募集方式设立的，注册资本为在公司登记机关登记的实收股本总额。法律、行政法规以及国务院决定对股份有限公司注册资本实缴、注册资本最低限额另有规定的，从其规定。"

同时，股份有限公司的设立通常采用发起设立以及募集设立两种方式，两种设立方式的主要区别体现在股份认缴方面。在发起设立方式下，发起人必须认购全部股份并一次性交足股款；在募集设立方式下，发起人认购的股份不得少于公司股份总数的 35%，其余股份向社会公开募集。

（3）变更治理结构。《公司法》第一百零八条规定："股份有限公司设

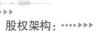
董事会，其成员为五人至十九人。董事会成员中可以有公司职工代表。董事会中的职工代表由公司职工通过职工代表大会、职工大会或者其他形式民主选举产生。"

《公司法》第一百一十七条规定："股份有限公司设监事会，其成员不得少于三人。监事会应当包括股东代表和适当比例的公司职工代表，其中职工代表的比例不得低于三分之一，具体比例由公司章程规定。监事会中的职工代表由公司职工通过职工代表大会、职工大会或者其他形式民主选举产生。监事会设主席一人，可以设副主席。监事会主席和副主席由全体监事过半数选举产生。监事会主席召集和主持监事会会议；监事会主席不能履行职务或者不履行职务的，由监事会副主席召集和主持监事会会议；监事会副主席不能履行职务或者不履行职务的，由半数以上监事共同推举一名监事召集和主持监事会会议。董事、高级管理人员不得兼任监事。"

在进行股份制改造时，公司应根据相关法律法规的规定，变更治理结构，设立董事会、监事会等企业治理组织。此外，我国创业板市场与其他板块有所不同，有一些额外规定，如设立独立董事、实行保荐人制度、发行上市条件和激励机制等。同时，创业板市场对企业的董事、监事、经理和其他高管的行为有着更高的要求。

（4）具有固定住所。固定的生产经营场所是股份有限公司从事业务活动的固定地点。为了便于公司与其他人或组织进行业务往来，股份有限公司根据业务活动的需要，可以设置若干个生产经营场所。为了便于对股份有限公司进行管理，市场监管部门要求公司登记其住所。公司住所是公司管理机构的所在地，但不一定是生产经营场所。例如，公司住所可在市区，而公司的生产工厂可在郊区，甚至可以在其他城市或国家。

3.股份制改造程序

第一步：有限责任公司股东会进行决议，通过改制意见并成立改制机构。国有企业需上级主管部门批准，决定进行股份制改造，成立企业改制筹备小组。

第二步：选择发起人。

第三步：聘请律师事务所、会计师事务所、审计事务所、证券公司等中介机构。

第四步：尽职调查、审计和资产评估。

第五步：制定改制方案。签署发起人协议和章程草案，形成改制文件。

第六步：认缴、招募股份，注资和验资。

第七步：召开创立大会。

第八步：办理工商登记或变更手续。

11.2

境外上市的股权架构

与境内上市相比，境外上市除了具有速度快、股权增值等优点外，还存在很多隐形的优势。本节将介绍企业在境外上市的优点以及境外上市的两种股权架构，以供更多企业参考。

11.2.1　红筹架构与VIE架构

一些在境外上市的国内公司会把境内的资产转移到境外子公司，实现在海外上市融资，由此催生了两种股权架构：红筹架构和 VIE（可变利益实体）架构。红筹架构与 VIE 架构虽然都是在境外上市的股权架构模式，但二者有所不同。

1. 红筹架构

红筹架构是指我国公司在境外设立离岸公司，然后将境内公司的资产注入或转移到境外公司，以实现境外控股公司在境外上市融资的目的的架构。

《关于外国投资者并购境内企业的规定》（商务部 10 号文，以下简称"10

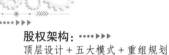
号文"）对红筹架构的实施进行了规定，其中第三十九条规定："特殊目的公司系指中国境内公司或自然人为实现以其实际拥有的境内公司权益在境外上市而直接或间接控制的境外公司。特殊目的公司为实现在境外上市，其股东以其所持公司股权，或者特殊目的公司以其增发的股份，作为支付手段，购买境内公司股东的股权或者境内公司增发的股份的，适用本节规定。当事人以持有特殊目的公司权益的境外公司作为境外上市主体的，该境外公司应符合本节对于特殊目的公司的相关要求。"

10 号文第四十条规定："特殊目的公司境外上市交易，应经国务院证券监督管理机构批准。特殊目的公司境外上市所在国家或者地区应有完善的法律和监管制度，其证券监管机构已与国务院证券监督管理机构签订监管合作谅解备忘录，并保持着有效的监管合作关系。"

以上规定对实施红筹架构的特殊目的公司进行了限制，以实现对资本市场进行科学合理的调控。明文规定有利于公司对自身架构进行调整，满足上市需求。

红筹架构分为"大红筹"和"小红筹"。"大红筹"指内地公司以境外中资控股公司名义赴香港上市，"小红筹"指内地公司以其股东或实际控制人名义设立境外特殊目的公司，并以股权、资产并购或协议控制方式控制内地公司后，以境外特殊目的公司名义赴香港上市。

2. VIE 架 构

VIE 将上市公司主体与股权通过协议控制的方式分离，同时将境内经营主体的会计报表合并到境外上市主体。也就是说，VIE 架构下的经营主体与上市主体不存在从属关系，但上市主体对经营主体进行管理。

红筹架构和 VIE 架构最大的区别在于控制方式不同。红筹架构下的企业的实际控制人通过境外公司间接控制境内实际运营公司，境外公司才是上市和融资的主体。VIE 架构下的实际境内经营主体由境外上市主体通过协议控制，也就是说，VIE 架构下的实际控制人直接持有 50% 以上的股权。

11.2.2　如何在境外搭建股权架构

对于企业而言，在境外上市主要存在 3 个优势，如图 11-3 所示。

标准公开透明，有利于拟上市公司规范操作

境外资本市场不区分流通股与非流通股，方便大股东退出变现

境外上市成本低、耗时短

图 11-3　境外上市的优势

首先，境外上市的标准公开透明，有利于拟上市公司规范操作。境内上市采用的是核准制，而境外资本市场采用的是注册制。在注册制下，证券监管部门首先将股票发行的必要条件公布出来。如果企业满足了所公布的条件，就可以申请发行股票。

公司申请发行股票时，需要依法将公开的各种资料完全准确地向证券监管机构申报。证券监管机构承担监管职责，对申报文件的完整性、准确性、真实性和及时性做合规审查。至于拟上市公司的质量，则由证券中介机构来判断。

其次，境外资本市场不区分流通股与非流通股，方便大股东退出变现。境外上市使得公司的价值证券化，股东可以据此计算自己的股权的价值。当然，在企业不上市的情况下，股东也能根据公司的净资产数量计算出自己拥有的股权的价值，只是变现时相对困难一些。

国内资本市场区分流通股和非流通股，公司大股东的退出变现因此受到诸多限制，很难将持有的股权价值证券化。在境外上市则完全不同，境外的资本市场不区分流通股与非流通股。上市后，大股东只要根据股票交易价格和持有的股票数，就能计算出自己能够获得的收益。如果大股东想要退出变现，只需要委托证券交易商即可。

最后，境外上市成本低、耗时短。一家公司在国内主板上市一般需要 1 年甚至几年的时间，而在境外上市一般需要 9 ～ 12 个月。另外，在境外上市花费的中介机构费用远远低于在国内上市花费的中介机构费用，有利于降低上市成本。

既然境外上市有这么多优势，那么公司应该如何在境外搭建股权架构呢？

1. 自然人更改国籍

"10 号文"中第十一条规定："境内公司、企业或自然人以其在境外合法设立或控制的公司名义并购与其有关联关系的境内的公司，应报商务部审批。当事人不得以外商投资企业境内投资或其他方式规避前述要求。"

境内自然人可以通过更改国籍的办法绕开限制，也就是拟在境外搭建股权架构的股东不再以境内自然人的身份参与其中，这样也就无须商务部以及证监会审批。

2. "分步走"

商务部发布的《外商投资准入管理指引手册》中规定："已设立的外商投资企业中方向外方转让股权，不参照并购规定。"鉴于此种情况，很多企业采取了"分步走"的方法，在不违反规定的情况下，在境外搭建股权架构。

该方法是通过向外国投资人转让股权，来规避被认定为并购境内公司，从而绕开商务部审批。"分步走"具体分为以下两步。

第一步：将境内公司部分股权转让给外国投资人，使境内公司变更为外商投资企业。

第二步：境外离岸公司收购外商投资企业的境内股东的股权。

如此一来，公司便能够在自然人不更改国籍、不违反规定的情况下在境外上市，为公司发展带来充足的资金。

11.2.3 股权架构重组的关键点

在股权架构重组的过程中，有两大关键点需要公司着重关注，分别为支付对价和跨境重组税负。

1. 支付对价

支付对价瞄向的是应用于公司向社会面发行的那部分股权，只有这部分股权属于非流通股股东向流通股股东购买的流通权。这些非流通股大多指的是非流通股股东手中的股份，按照法律规定，这部分股份不允许在股票市场中进行交易，因此无论股价高低，都与这部分股份无关。

但在股份制改造后，这部分非流通股也可以在股票市场上流通，获得股票市场带来的溢价。此外，这部分非流通股份的价格非常低，股东在获得这部分股份时，所要付出的费用非常低。而其他流通股股东则是通过股票市场来购买流通股，比购入非流通股的价格高出许多。因此，为了避免造成企业社会面股票与发起人股票同股不同权、同股不同价的情况，也为了维系市场平衡、获得流通权，非流通股股东必须向流通股股东支付对价。

在支付对价金额方面，当非流通股进入市场时，为了避免给流通股带来损失，往往会对流通股进行相应的补偿。例如，支付对价为 9 股非流通股对 3 股流通股，即股东以 3 股非流通股的价格购买 1 股流通股。

公司在上市后，股权转让存在非流通股的协议转让价格和流通股的竞价交易价格两种价格。由于流动效率很低，无法轻易地进行交易，非流通股的协议转让价格相较于流通股的竞价通常会出现一定程度的溢价。而流通股的竞价交易的流动效率较高，交易成本也较低，因此流通股的竞价交易价格包括公允价值和投资人购买流通权的溢价。

2. 跨境重组税负

（1）企业所得税。在确定企业所得税方面，《中华人民共和国企业所得税法实施条例》第七条第（三）项规定："转让财产所得，不动产转让所得按照不动产所在地确定，动产转让所得按照转让动产的企业或者机构、场所所在地确定,权益性投资资产转让所得按照被投资企业所在地确定。"值得注意的是，中国与很多国家签订了税收双边协定，因此不同国家的实际税负会有所不同。

（2）预提所得税。非居民企业转让境内企业股权时，需要根据税法规定在中国境内按股权转让所得缴纳预提所得税，税率为 10%。

11.3

案例分析：股权重组助力公司上市

企业应该有科学合理的股权架构，这是强化顶层设计的需要。科学合理的股权架构一方面能够为团队建立竞争优势，另一方面可以促使业绩实现指数级增长。

那么，如何进行股权设计就成为众多企业必须关注的问题。本节将通过具体案例介绍股权重组对公司上市起到的积极作用。

11.3.1　VIE架构为公司带来的启示

为促进支付服务市场健康发展，规范非银行支付机构服务行为，防范支付风险，保护当事人的合法权益，《非银行支付机构条例》（以下简称《条例》）第八条规定：

"设立非银行支付机构，应当符合《中华人民共和国公司法》规定的有限责任公司或者股份有限公司设立要求，并具备下列条件：（一）注册资本应当满足本条例第九条的规定；（二）有符合本条例第十条至第十三条规定的非主要股东、主要股东、控股股东、实际控制人和最终受益人；（三）拟任董事、监事和高级管理人员符合本条例第十四条规定的任职条件；（四）在中华人民共和国境内有符合规定的营业场所、安全保障措施、技术能力和支付业务基础设施；（五）有健全的公司治理架构、组织机构、内部控制制度、风险管理措施、退出预案以及用户合法权益保障措施；（六）有完备的反洗钱和反恐怖融资措施；（七）有明确的业务发展方向和可行的业务发展规划；（八）中国人民银行规定的其他审慎性条件。"

第九条规定："非银行支付机构注册资本最低限额为1亿元人民币。中国人民银行根据审慎监管原则分别确定从事储值账户运营业务和支付交易处理业务的非银行支付机构的注册资本最低限额，以及注册资本与业务规模的比例要求。注册资本应当是实缴资本。非银行支付机构的股东应当以其自有资金出资，不得以委托资金、债务资金等非自有资金出资。"

从法律原文中可以看出，非银行支付机构的申请人须为境内设立的有限责任公司或股份有限公司。外资企业申请支付牌照需要由中国人民银行另行规定，报国务院批准。而在此之前，主营支付业务的 A 公司始终以外资身份为用户提供服务，这会为其申请支付牌照带来极大难度。

A 公司分两次将股权转让给北京的 B 公司，交易额为 2.5 亿元。为了保证股东的利益和 A 公司的内资身份，A 公司的总部选择使用 VIE 架构，并与 B 公司签署了一系列 VIE 协议以实际控制 A 公司。

但 VIE 架构没有获得认可，在此后一段时间内，A 公司一直没有拿到支付牌照。于是，在向央行申请牌照前，总部单方面终止了 VIE 协议，并将 A 公司完全剥离出去，使其以纯内资身份申请牌照。至此，总部成为 A 公司的唯一实际控制人，二者之间不存在 VIE 协议，也不存在境外投资人控制 A 公司的情况。

随后央行认可 A 公司的合法性。与此同时，A 公司又重新并入总部。起初 A 公司为了申牌不得不终止 VIE 协议，从总部剥离出去，现在为什么又回到总部呢？

中国人民银行曾经发布《中国人民银行公告〔2018〕第 7 号》文件，文件中对外商投资支付机构在中国开展支付业务进行了进一步说明："二、外商投资支付机构应当在中华人民共和国境内拥有安全、规范、能够独立完成支付业务处理的业务系统和灾备系统。三、外商投资支付机构在中华人民共和国境内收集和产生的个人信息和金融信息的存储、处理和分析应当在境内进行。为处理跨境业务必须向境外传输的，应当符合法律、行政法规和相关监管部门的规定，要求境外主体履行相应的信息保密义务，并经个人信息主体同意。四、外商投资支付机构的公司治理、日常运营、风险管理、资金处理、备付金交存、应急安排等应当遵守中国人民银行关于非银行支付机构的监管要求。"

从上述法律法规中，A 公司看到了回归总部的希望，便毫不犹豫地奔向总部的"怀抱"。现在 A 公司每年会向总部支付知识产权及技术服务费。而且，在条件允许的情况下，总部有权进一步增持 A 公司的股权，并为 A 公司提供相应的资源，从而实现共赢。

11.3.2 公司在境外做全方位布局

2021 年 5 月，主营汽车生产与销售业务的 C 公司完成了 B 轮融资，估值达到了 110 亿美元。在汽车行业，这样的估值水平还是很不错的。而如果从含税的销售额以及市场估计的净利润来看，C 公司在市盈率估值和市销率估值方面则要比其他竞争对手更有优势。

2022 年 6 月，C 公司在美国纳斯达克挂牌上市。在上市时，C 公司选择了 VIE 架构作为基础，同时以独特的分散型架构作为支撑。

在分散型架构中，包括实际控制人在内的诸多股东通过控制多个境外公司间接持有 C 公司的股权。选择这种方式的目的是，未来 C 公司将使用不同的 VIE 方案，继而采用不同的税务处理方式。对于 C 公司来说，其股权架构的优势在于股东退出非常便捷，可以直接选择在境外中间层持股，从公司层退出。但需要注意的是，如果 C 公司未来希望解除境外中间层，那么很可能面临非常烦琐的程序。

因为 C 公司使用了分散型架构，股权是比较分散的，所以如果未来股东希望增加持股比例，那就只能通过回购境外股权的方式实现。这种方式需要 C 公司在境外中间层拥有足够多的资金，否则很难支持烦琐且复杂的回购工作。

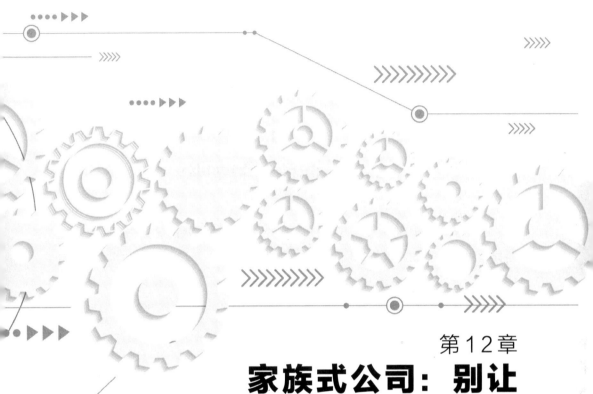

第12章

家族式公司：别让股权影响亲情

　　家族式公司是一种比较传统的组织形式，其资本和股权主要由一个家族控制，家族成员担任领导职务。对于家族式公司来说，股权架构是否合理非常重要，因为这会影响到家族的繁荣衰败和家族成员之间的亲疏关系。本章从兄弟、夫妻、父子/父女之间的股权架构入手，具体讲述家族式公司应该如何设计股权架构。

12.1

兄弟之间的股权架构

很多人总是认为情感大于理性，尤其对于血浓于水的兄弟来说，情感更是异常重要。因此，很多合伙创办家族企业的兄弟选择均分股权。其实，均分股权为后续的管理决策和公司发展埋下隐患。既然不建议兄弟之间均分股权，那么应该如何分配股权比较好呢？本节就针对这个问题进行详细讲述。

12.1.1 兄弟反目对股权架构的影响

张凯和张亮是一对亲兄弟，为了实现创业梦想，他们分别拿出 200 万元成立了一家公司，各占 50% 的股权。公司成立之初，二人合作得非常好，张凯负责对接外部订单，张亮则负责内部运营与管理。经过一段时间的发展，公司的业绩迅速提升，也有了一定的知名度。

随后，张凯和张亮计划扩大公司规模，打造更完善的服务体系，同时分别拿出 10% 的股权用来引入 2 ~ 3 位投资人。因为他们的商业模式不错，订单量也很多，所以很快就得到了投资。但就在公司发展得风生水起时，张凯和张亮却出现了很大分歧。

张凯希望公司可以走多元化道路，增加一些新业务，但张亮却认为应该瞄准细分领域，将业务做得更专业。他们各执己见，谁也不肯让步，多次协商后仍然没有达成一致意见。再加上他们的股权一样多，都没有独立做决策的权力，所以矛盾越来越激烈。最后，他们对簿公堂。经过法院调解，张凯决定退出公司，自立门户。

张亮购买了张凯在公司的所有股权，至此，公司的股权架构发生了很大变化。然而，因为张亮倡导的发展思路并不符合公司的实际情况，公司的业绩一落千丈。基于这种情况，投资人也对张亮和公司彻底失去信心，集体要求撤资。投资人退出后，公司正式宣告破产。

张凯和张亮本是最亲近的家人，最后却因为意见不合且没有可以主持大局的人而对簿公堂，让自己辛辛苦苦创办的公司落得个倒闭的下场。正所谓"亲兄弟，明算账"，即使是亲兄弟共同创业，如果忽视股权问题，那么发展前景大好的公司也很有可能走向倒闭。

12.1.2　分家方案之股权全部转让

当兄弟之间出现不可调和的分歧时，分家是一个十分常用的方案。分家有 3 种类型：第一种是股权全部转让，第二种是进行存续分立，第三种是先分立再转股。在上文张凯和张亮的案例中，他们使用的是第一种方案，即张凯彻底退出公司，将自己持有的股权全部转让给张亮，张亮向张凯支付相应的股权转让款。

需要注意的是，有时即使兄弟一方同意退出公司，将股权全部转让给另一方，也很可能因为双方对公司的估值无法达成一致，导致股权转让工作不能顺利进行。因此，在分家前，双方应该找专业机构为公司估值，确保以合理的价格进行股权转让。

12.1.3　分家方案之进行存续分立

存续分立是指在原公司继续存在的情况下设立 1 个或 1 个以上新公司。例如，兄弟二人合伙创办了一家公司，后来因为业务发展需要决定分家。经过协商，他们成立了一家新公司，由弟弟负责管理，哥哥则继续管理原公司。为了降低风险、扩大规模，哥哥还将原公司的部分资产、负债及员工转移至新公司。在他们的共同努力下，两家公司都发展得很好。

在分家时，存续分立是比较体面的方案。因此，除非是到了"水火不相容"的地步，否则大多数兄弟还是更愿意选择这个方案，其具体流程如下。

（1）制定存续分立方案。董事会作为公司的执行机构，享有制定存续分立方案的权利。换言之，存续分立方案需要经过董事会的同意。

（2）对财产进行相应的分割。《公司法》第一百七十五条第一款规定："公司分立，其财产作相应的分割。"这里的"财产"是指广义的财产，包括积极财产，如债权等；消极财产，如债务等；有形财产，如生产设备、办公用品等；无形财产，如知识产权、技术等。

（3）股东会给出存续分立决议。股东会作为公司的权力机构，可以对存续分立进行决议。公司要想进行存续分立，一般需要经代表 2/3 以上表决权的股东通过。

（4）通知和公告债权人。《公司法》第一百七十五条第二款规定："公司分立，应当编制资产负债表及财产清单。公司应当自作出分立决议之日起十日内通知债权人，并于三十日内在报纸上公告。"如果公司不按照这个规定通知和公告债权人，就会被罚款。

（5）办理登记手续。原公司的登记事项发生变更，应该办理相应的变更登记；设立的新公司应该办理设立登记。

在不同时期，公司的发展是有所差别的，存续分立对于公司来说不一定是一件坏事。在进行存续分立时，应该按照流程进行，防止因为中途出现问题而影响兄弟感情。

12.1.4　分家方案之先分立再转股

先分立再转股将分家细化为两个步骤。

步骤一：选择分立类型，完成分立。除了上文的存续分立外，还有一种分立类型是新设分立，即把原公司的全部资产转移给 1 个或 1 个以上新公司，原公司解散。

步骤二：分立完成后，兄弟一方将自己持有的所有或部分股权转让给另一方，股权转让价格由双方商议，或直接采用市场价格。根据《股权转让所得个人所得税管理办法（试行）》可知，兄弟之间的股权转让不需要缴纳个人所得税。

当公司完成分立后，股权转让就可以根据相关法律法规或公司章程进行，其所需手续及相关材料和正常的股权转让一致。

12.1.5　案例分析：永辉超市的分家之路

永辉超市是非常知名的连锁超市，也是我国首个市值突破千亿元的超市。永辉能够获得如此迅猛的发展，离不开张氏兄弟（哥哥张轩宁和弟弟张轩松）的共同努力。

1995 年，哥哥张轩宁发现了超市的发展潜力，便和弟弟张轩松成立了名为"古乐微利"的生鲜超市。1998 年，他们成立了第一家以"永辉"命名的超市。凭借着他们对市场的深入挖掘和敢于创新的勇气，永辉发展得很好，在我国新增了上百家门店。

2010 年，永辉成功上市，张氏兄弟的身价在一夜之间暴涨。就在永辉蒸蒸日上之际，他们的分歧也开始显露出来。张轩宁认为餐饮行业的发展潜力更大，永辉应该将重点放在这个行业，而且要抢占更多市场份额；张轩松则认为送货到家才更符合市场需求。

至此，永辉的业务按照兄弟二人各自的意愿拆分开来，他们的一致行动关系正式解除。也就是说，他们正式分家，股权一分为二：张轩松占股 14.7%，张轩宁占股 7.7%。之后，他们根据各自的股权比例参与永辉的决策。

张氏兄弟解除一致行动关系，使得永辉的股权架构发生了极大变化。最大股东变为香港牛奶国际控股有限公司。此外，京东和腾讯分别持有永辉11.43% 和 5% 的股权。

永辉的股权比较分散，各股东可以凭借自己的表决权参与公司的一些重大决策。换言之，当时永辉缺少实际控制人，处于一种群龙无首的状态。后来香港牛奶国际控股有限公司将股权增持到 21.08%，获得了控股股东的身份。

张氏兄弟的分家对永辉的发展无疑是一大重创。这不仅影响了永辉的竞

争力，还使得张氏兄弟在生意上形成了竞争关系，导致永辉的股价出现一定程度的下跌，而且一分为二的管理方式也提高了永辉的管理成本。

从开店扩张，到引入投资人，再到兄弟分家，永辉的股权架构发生了明显的变化。在这个过程中，永辉的市值降低了很多，债务也有所增加。当然我们不可否认的是，永辉发展受挫与整个零售行业面临困境有关，但肯定也受到兄弟分家的影响。

对于兄弟合伙创办的家族式公司来说，要想转型成功，就不能急于求成，也不能因为兄弟的分歧而随意分家，而是要分析市场形势，根据新业态的特点作出合理的战略布局。

资料来源：新华网《创始人张氏兄弟解除一致行动 永辉超市为何上演"兄弟分家"》

(12.2)
夫妻之间的股权架构

夫妻一起创业，感情是首要因素，股权分配其次。当夫妻相互扶持时，股权如何分配似乎都是合理的，但一旦二人感情破裂，股权就很可能成为二人对簿公堂的导火索。

与普通夫妻离婚相比，如果名下有股权的夫妻离婚，往往会牵扯更多人和事，如财产分配、公司的股权架构发生变更、实际控制人易主等。这不仅会严重影响公司的发展，甚至会导致公司倒闭。因此，合伙创办公司的夫妻之间更应该设计合理的股权架构。

12.2.1 如何界定和分配夫妻股权

夫妻股权是指夫妻在婚姻关系存续期间，一方或双方因为出资、买卖、继承、受赠等原因而获得的依法由双方共同享有的股权。夫妻股权通常具有以下法律特征。

（1）夫妻股权的主体具有夫妻身份。

（2）夫妻股权形成于婚姻关系存续期间。

（3）夫妻股权属于夫妻的共同财产。

（4）夫妻股权的行使主体具有唯一性。换言之，无论是双方共同持有的股权，还是一方名下的股权，其相关权利的行使都只能由持股方或显名方单独完成。

根据上述法律特征，我们可以确定哪些股权属于夫妻双方共同所有，具体如下。

（1）婚后用共同财产投资或买卖取得的股权。

（2）婚姻关系存续期间因为继承、受赠而获得的股权。

（3）夫妻约定的双方共同所有的股权。

（4）婚后一方通过个人财产投资获得的股权。

在确定了哪些股权是夫妻共同所有后，我们才能公平、公正地分配这些股权。在分配这些股权时，我们不仅要考虑如何避免双方的财产纠纷，还要考虑到其他股东的利益。在具体操作过程中，我们可能会遇到以下两种情况。

第一种情况：夫妻之间已经就股权分配问题达成一致意见。

（1）如果过半数股东同意夫妻转让股权，且自愿放弃优先购买权，那么夫妻中非股东的一方可以成为公司的新股东，并行使相应的权利。

（2）如果夫妻达成协议，过半数股东不同意该协议，但愿意以同等价格购买夫妻手里的股权，那么应该根据《公司法》的相关规定，保护股东的优先购买权。与此同时，转让该部分股权所得的财产应该作为夫妻共同财产，依法进行分配。

（3）《公司法》第七十一条第二款规定："股东向股东以外的人转让股权，应当经其他股东过半数同意。股东应就其股权转让事项书面通知其他股东征求同意，其他股东自接到书面通知之日起满三十日未答复的，视为同意转让。其他股东半数以上不同意转让的，不同意的股东应当购买该转让的股权；不购买的，视为同意转让。"

也就是说，如果夫妻达成协议，过半数股东不同意该协议，又不愿意出

资购买夫妻手里的股权，那就视为同意转让股权，夫妻中非股东的一方可以成为新股东。

第二种情况：夫妻协商不成，不认同现有股权分配方案。

夫妻协商不成，不应该直接分配股权。如果夫妻在股权分配问题上无法协商一致，则表明双方在经济上缺乏共同目标，这样很难将公司经营下去，也无法带领公司发展壮大。此时双方不应该直接分配股权，而应该让一方持有股权，另一方获得相应的补偿。至于如何确定补偿数额，则应该参考股权的市场价格或《公司法》的相关规定。

《公司法》第二十七条规定："股东可以用货币出资，也可以用实物、知识产权、土地使用权等可以用货币估价并可以依法转让的非货币财产作价出资；但是，法律、行政法规规定不得作为出资的财产除外。对作为出资的非货币财产应当评估作价，核实财产，不得高估或者低估作价。法律、行政法规对评估作价有规定的，从其规定。"

综上所述，在对夫妻股权进行分配前，夫妻双方首先要确定股权是否属于夫妻股权，如果不属于，那就不能对其进行分配。另外，在分配已经确定的夫妻股权时，夫妻双方也要遵循一定的原则，否则很可能引发财产纠纷，进而对公司和其他股东的利益造成严重影响。

12.2.2　夫妻离婚，股权纠纷如何避免

有些夫妻可以患难与共，但有些感情走到尽头的夫妻则会因为利益问题而反目成仇。尤其在双方或一方持有某公司股权的情况下，一旦发生财产纠纷，牵扯的人或事会更多。

那么，夫妻离婚，股权问题到底应该如何解决？鉴于股权的财产性、高价值性等特点，再结合股权分配、共同财产归属等相关法律，解决夫妻股权纠纷的比较好的方法有以下几个。

（1）双方可以签署夫妻财产协议，在协议中约定股权为股东一方的个人财产。另外，作为股东的一方也可以考虑将自己持有的股权的人身性和财产性分离。

《民法典》第一千零六十五条第一款、第二款规定："男女双方可以约定婚姻关系存续期间所得的财产以及婚前财产归各自所有、共同所有或者部分各自所有、部分共同所有。约定应当采用书面形式。没有约定或者约定不明确的，适用本法第一千零六十二条、第一千零六十三条的规定。夫妻对婚姻关系存续期间所得的财产以及婚前财产的约定，对双方具有法律约束力。"

因此，夫妻可以通过签署夫妻财产协议约定哪些股权属于股东的个人财产、哪些股权属于双方的共同财产。这有利于从根源上解决财产纠纷，避免因为离婚而对公司的正常运营和股权架构产生不良影响。当然，为了平衡配偶的利益，股东可以约定股权属于自己，每年给配偶一定数额的分红作为补偿。

（2）《公司法》第七十一条第四款规定："公司章程对股权转让另有规定的，从其规定。"因此，夫妻中作为股东的一方可以将自己离婚后的股权转让方案写入公司章程，例如，约定配偶不会因为离婚财产分配而取得股东资格。这样可以避免股东离婚后配偶成为公司的新股东，从而引起股权架构的变动，阻碍公司发展壮大。

（3）如果夫妻没有提前约定股权分配方案，离婚后经协商一致同意直接分配股权，其他股东应该及时行使优先购买权。直接分配股权就相当于向股东以外的第三人转让股权，其他股东在同等条件下是可以享有优先购买权的。

对此，《最高人民法院关于适用〈中华人民共和国民法典〉婚姻家庭编的解释（一）》第七十三条第（二）项规定："夫妻双方就出资额转让份额和转让价格等事项协商一致后，其他股东半数以上不同意转让，但愿意以同等条件购买该出资额的，人民法院可以对转让出资所得财产进行分割。"所以为了保证公司的良好发展，其他股东应该及时行使自己的优先购买权。

公司的发展与夫妻股东的感情状态通常是密不可分的，这就要求夫妻股东必须提前做好准备，防止因为自己的感情状态出现变化而拖累公司和其他股东。

12.2.3 债务风险：用途论+推定论

夫妻一旦离婚，除了要分配股权和财产外，还要对债务问题进行约定，从而更好地规避债务风险。目前夫妻之间的债务与用途论、推定论息息相关。

1. 用途论

《民法典》第一千零六十四条第一款规定："夫妻双方共同签名或者夫妻一方事后追认等共同意思表示所负的债务，以及夫妻一方在婚姻关系存续期间以个人名义为家庭日常生活需要所负的债务，属于夫妻共同债务。"

上述规定主要根据债务的用途来认定债务的性质，而且提出了"共债共签"的原则，可以充分保障双方的知情权、同意权，有利于维护双方的基本权利。同时，上述规定将"为家庭日常生活需要"作为认定夫妻共同债务的重要标准，使人民法院在保证公平的情况下兼顾了判决效率。

2. 推定论

《民法典》第一千零六十四条第二款规定："夫妻一方在婚姻关系存续期间以个人名义超出家庭日常生活需要所负的债务，不属于夫妻共同债务；但是，债权人能够证明该债务用于夫妻共同生活、共同生产经营或者基于夫妻双方共同意思表示的除外。"

通过上述规定我们可以知道，夫妻一方在婚姻关系存续期间以个人名义超出家庭日常生活需要所负的债务，债权人以属于夫妻共同债务为由主张权利的，人民法院是不予支持的。除非债权人能够证明该债务用于夫妻共同生活、共同生产经营或者基于夫妻双方共同意思表示。

在实践中，因为大多数债权人都无法证明债务用于夫妻共同生活、共同生产经营或者基于夫妻双方共同意思表示，所以只要是发生在夫妻关系存续期间的债务，很大概率会被认定为夫妻共同债务。需要注意的是，夫妻双方都应该高度警惕举债一方与债权人恶意串通，以不正当手段损害自己利益的情况发生，牢牢维护自身利益。

12.2.4　案例分析：遗憾的夫妻股权之殇

2015 年，张卫东创立了一家名为酷卡奇（化名）的游戏公司。随着公司的发展，他不仅没有实现财务自由，反而落得一个"赔了夫人（与自己的妻子离婚）又折兵（损失了近百万美元）"的下场。那么，情况究竟是怎样的？一切还得从他和妻子张帆的离婚案说起。

发展初期，酷卡奇一度是资本追逐的风口之一。凭借先发优势，酷卡奇与同类游戏公司拉开了一定的距离，受到广大玩家的欢迎。

2016 年 2 月，酷卡奇完成了金额高达百万美元的天使轮融资，后来又陆续完成了 A 轮融资和 B 轮融资。至此，酷卡奇的发展都顺风顺水，张卫东也产生了上市敲钟的想法。

与酷卡奇不断发展相对应的是，张卫东在一次聚会中与张帆一见钟情，二人迅速陷入爱河，并于 2017 年 8 月喜结连理。结果仅过了不到 1 年，他们的感情就破裂了，张帆两次向法院提起离婚诉讼。在她第一次提起离婚诉讼时，法院没有判决二人离婚；她第二次提起诉讼时，法院支持二人离婚，但财产需要另案处理。

2019 年 1 月，酷卡奇向证券委员会递交上市申请，一个星期后，已经与张卫东离婚的张帆就财产问题向法院提起诉讼，要求分割与张卫东在婚姻关系存续期间的共同财产。张帆提出，希望获得酷卡奇 30% 的股权，同时申请对张卫东名下的股权进行诉讼财产保全。

因为张帆的诉讼，法院冻结了张卫东名下的所有股权，此举直接影响了张卫东在酷卡奇的股权比例和控制权。在这种情况下，张卫东只能将上市工作暂缓，先集中精力处理他和张帆之间的财产纠纷问题。经过一段时间的努力，二人达成和解，和解费用是上百万美元。

顺利解决财产纠纷问题后，张卫东重新提交上市申请。虽然此次申请距离上次申请的时间并不长，但市场形势已发生巨大变化。在此期间，有些游戏公司已经顺利上市，并取得了一定优势。各类媒体争相对这些游戏公司进行报道，让这些游戏公司获得了广泛关注。

后来酷卡奇虽然也成功上市，但市值非常低。到了 2022 年 1 月，酷卡奇的股价已经严重下跌。于是，张卫东和投资人为了避免损失进一步增加，决定将酷卡奇出售给其他游戏公司。几个月后，某游戏公司决定收购酷卡奇，张卫东的离婚事件也宣告落幕。

因为这场离婚事件，张卫东辛苦创立的公司遗憾易主，令人唏嘘。

12.3

父子／父女之间的股权架构

如果某个家族式公司，第一代领导者有子女，那么在其退休或过世后，其股权通常就会传给子女。这好像已经是一件约定俗成的事，但在实际操作过程中也有可能发生变数，例如，子女不愿意继承股权、二代接班的股权问题没有解决好等。因此，在设计父子／父女之间的股权架构时，公司要提前将这些变数考虑进去，避免遭受不必要的损失。

12.3.1　子女不愿继承股权，怎么办

家族式公司基本上都会面临股权继承这一问题。要想解决这个问题，除了必须遵守法律规定外，还应该尊重当事人的意愿。例如，有些子女不愿意继承股权，此时应该怎么办呢？我们可以根据不同情况进行相应的分析。

（1）公司章程有相关规定，按照规定处理需要继承的股权。

（2）如果公司属于股份有限公司，那么继承人具有股东身份，需要继承股权；如果是有限责任公司，那么继承人只享有股权的收益，而不具有股东身份。

（3）无论继承人是否具有股东身份，其单方面放弃继承股权或出具《股权自愿无偿放弃声明》，都是无效的。此时其是否继承股权应该由股东会商议决定。不过，即使股东会同意继承人的弃权行为，相应的股权依然需要进行认购和转让。

对此，《公司法》第七十五条规定："自然人股东死亡后，其合法继承人可以继承股东资格；但是，公司章程另有规定的除外。"这里需要注意的是，如果公司章程对股权继承问题进行了规定，那么可以按照公司章程处理相关事宜。

（4）公司章程没有规定，继承人又坚持不愿意继承股权，股权可以由其他股东回购，也可以转让给股东以外的第三方。但是，回购和转让股权的程序必须符合《公司法》的相关规定。如果其他股东和股东以外的第三方都不愿意

接受股权，那就只能在符合法律法规的情况下进行减资处理。其具体的处理方式是将股权折价，以现金的方式返还给继承人。同时，公司需要减少注册资本，并及时到市场监管局进行登记。

综上所述，如果出现继承人不愿意继承股权的情况，首先可以参考公司章程的相关规定。如果公司章程没有相关规定，那就根据《公司法》的规定由股东会商议决定如何处理股权。

12.3.2 二代接班，股权问题如何解决

当今社会，很多个性十足、受到良好教育、有创新思维的家族式公司二代继承人获得了一代的股权，对公司进行管理。未来一段时间，很可能是二代接班的高峰期。在这种情况下，如何合理分配股权，做好职位传承，同时让二代获得其他股东的支持，是家族式公司面临的重要问题。半导体公司龙源（化名）作为家族式公司，就比较妥善地解决了这个问题。

2012 年，龙源推出了首款半导体产品，受到了消费者的欢迎，奠定了自己的市场地位。

2017 年，龙源创始人王红利将自己名下大约 60% 的股权转让给女儿王婧，并卸任董事长一职。此外，他还聘请了职业经理人，协助王婧做好运营与管理工作。

2019 年，龙源顺利上市，当时王红利没有任何股权，只是一个名义上的董事会主席。但他公开表示，王婧只是代表王氏家族持有大部分股权，未来他还会继续参与运营和管理工作，暂时没有退休的想法。

2022 年，章兵成为龙源的总裁，包括王婧在内的王氏家族各位股东则与职业经理人各司其职。

自 2017 年从王红利手中获得大部分股权后，王婧将龙源管理得很好。在她的领导下，龙源在业内的知名度和影响力都有了很大提升，王红利使用的接班模式也受到很多公司的模仿。那么，王红利的接班模式究竟有何优势呢？具体可以从以下几个方面进行说明。

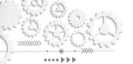

1. 王红利退而不休，打消其他股东的疑虑

虽然王红利很早就把股权转让给王婧，把女儿推向台前，让女儿承担起管理龙源的责任，但他本人则退而不休，依然为龙源的发展壮大助力。这样有利于打消其他股东对王婧能力的疑虑，避免其他股东转让股权离开龙源，从而更好地维护股权架构的稳定性。

还有非常重要的一点是，王婧可以借助父亲王红利的知名度和影响力为自己积累更多社交资源，在内部打造一个完善的商业网络，带动龙源获得更好的发展。

2. 引入职业经理人，降低接班风险

王红利在卸任执行董事长一职后，迅速引入职业经理人，使其与王氏家族的各位股东各司其职，一起进行决策。这样不仅可以避免制度过于僵化，还有利于让决策更公平、公正。而且，职业经理人通常具有丰富的管理经验，可以帮助龙源尽快与市场需求接轨。

3. 龙源顺利上市，股权架构更透明

上市后，龙源可以得到更多资金，也可以引入董事制度及股东监察制度，而且股权架构作为重要信息也要向外部公开。这样有利于提升股权架构的透明度。另外，上市相当于为品牌增值，也让作为二代继承人的王婧有了更高的知名度。

4. 加强管理，理顺股权架构

王氏家族作为大股东，控制了大部分股权。这样在降低风险的同时，可以鼓励其他股东积极为龙源做贡献，促进龙源不断发展，使龙源获得更强大的竞争力。

上述案例中的半导体公司龙源是让二代顺利接班的一个代表性案例，其接班模式非常值得其他家族式公司学习和借鉴。

12.3.3　案例分析：股权架构背后的隐患

成立于 2008 年的家族式公司天依（化名）主营服装生产与销售业务，曾经获得"潮流男孩标配"等名号，是非常受欢迎的公司。2019 年，天依在美国上市，但仅过了两年就宣告破产，而且其创始人子女还因为不愿意承担巨额债务而主动放弃继承股权。

深究天依破产的原因，其实与其股权架构存在隐患有很大关系。这里所说的隐患是股权过于均衡。天依由李霖、李剑、李强共同创立，由于他们是三兄弟，因此整体的股权架构比较简单（三人的股权比例分别为 40%、30%、30%）。

在成立初期，三人对天依的发展方向、发展战略能够达成一致，所以为了平衡各方利益，使用比较均衡的股权架构也无可厚非。但随着天依的不断发展，再加上天依的业务已经比较成熟，这种均衡的股权架构就很可能会让天依之后的转型工作陷入僵局。

此外，股权比例均衡也会带来一个后果——三人都没有单独的决策权。虽然一家人可以不计较那么多，但在关乎天依发展的大是大非面前，还是应该有一个掌握决策权的人。从天依的股权架构来看，李霖有 40% 的股权，无法真正控制天依。李剑、李强作为联合创始人都只有 30% 的股权，也没有办法控制天依。其实这相当于股权是均衡设置的。

在上述股权架构下，三人要想对某件事进行决策，就需要三人的意见是一致的，这就导致决策非常容易陷入僵局。而且，李霖作为核心人物，股权比例过低，其地位很有可能会受到现有股东或新增股东的威胁，从而影响天依的正常经营和管理。

后来天依正式上市，规模不断扩大，原本"势均力敌"的三人都对天依的未来发展有自己的想法。久而久之，他们之间的矛盾开始显现出来。当时天依正处于非常关键的业务转型期，很多事都需要决策，但因为三人之间的矛盾越来越激化，导致其发展受到了严重影响。

自上市以来，天依发生过很多次人事更迭，甚至出现内讧，这些都与其股权架构过于均衡有很大关系。此外，在业务转型阶段，天依的业务重心发生了偏离，开始从服装领域进军互联网领域，这种跨度极大的转型也加剧了天依的分崩离析。

此外，天依选择以"H 股模式"上市，并要求在股权架构中加入信托工

具，但最后因为证监会不认可只能作罢。此事件导致李霖的子女放弃继承股权：李霖去世后，其配偶及子女作为第一顺位继承人，被银行起诉，要求他们对李霖生前债务承担连带清偿责任。为了避免承担债务，他们最终决定放弃继承股权。

古语说："不患寡而患不均"，将其应用到股权架构设计中，不是指股权必须均衡分配，而是股权分配要"各得其所"，即根据股东为公司带来的价值和贡献确定股东应该获得的股权是多少。很显然，天依在合理分配股权方面做得不是很好。

通过上述天依的案例我们可以知道，股权架构设计与公司发展息息相关。家族式公司更应该设计合理的股权架构，以达到保障控制权和隔离债务风险的目的，从而实现"传富守富"。

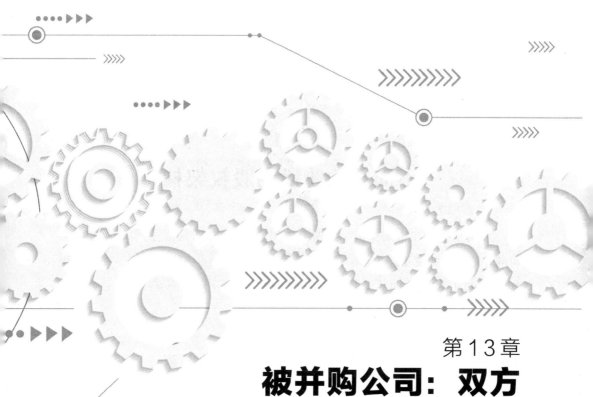

第13章

被并购公司：双方
协商股权事宜

　　并购一般指兼并和收购，是两家或多家独立公司合并成一家公司的行为。并购是公司扩大规模、实施多元化战略的常见行为，不仅有利于让公司的资源得到充分利用，降低生产成本，还能有效扩大公司的经营范围。但在并购过程中，为了降低并购风险，并购双方要针对股权事宜进行协商，达成一致意见。

13.1
不同并购阶段的股权架构

并购是公司在市场竞争中经常会使用的一种策略。公司的每一次发展都可能伴随并购的发生，公司的每一次扩张也都可能采取并购的方法。在实际操作中，并购可以分为 4 个阶段，不同阶段的并购有不同的侧重点，其适合的股权架构也有所差异。

13.1.1 第一阶段：根据股东情况做股权变更

2004 年，张伟和李林注册成立了一家名为伟林的公司。1 年后，该公司有了非常不错的业绩，并凭借自身业绩优势受到了诸多投资人的青睐。其中一位投资人王立强以每股 2 元的价格投资该公司，投资总额为 200 万元，获得了 30% 的股权。

2006 年，为了进一步完善股权架构，引入新的投资人，张伟和李林放弃了之前的自然人股权架构，转而实行有限合伙股权架构。他们先注册成立了一家新公司——志润科技，然后将自己持有的伟林的部分股权转移到志润科技旗下，之后又进行了多次股权变更。

张伟和李林进行股权变更其实是在为后续的并购工作做准备。在并购时，股东会发生变更，随之而来的还有股权变更。因为股权变更涉及的事项通常比较繁杂，所以我国法律对此进行了规定，要求股权变更必须按照相关程序办理。

股权变更往往需要经过股东会表决、股权转让、修改公司章程、变更工商注册登记、转让股权公告 5 个步骤，每个步骤都有不同的重点。

第一步：股东会表决。

股东在转让股权前需要征求其他股东的意见，只有其他股东愿意放弃优先购买权，才可以将股权转让给股东以外的第三人。因此，股权变更的第一步便是召开股东大会，按照法定程序进行表决。在表决时，必须有过半数股东同意股权转让，且未受让股权的其他股东放弃优先购买权，股权转让才具有法律效力，否则股权转让无效。

但如果公司章程对股权转让另有规定，那就需要按照公司章程的规定进行。此外，无论是由股东会决议，还是获得单个股东同意，均要有书面协议，这样可以很好地避免其他股东事后反悔，从而进一步降低发生股权纠纷的风险。

第二步：股权转让。

股东会表决后，双方签订股权转让协议（下文有范本）。自股权转让之日起，受让人享有股东权益，出让人失去股东权益，这一日通常被称为股权转让日。当完成股权转让后，出让人不再担任股东，受让人则成为公司的新股东。

第三步：修改公司章程。

公司章程中对股东名称、股权额都有记载，股东转让股权后，势必引起股权架构的变化。所以，公司必须依据《公司法》对股东会职权的规定，通过股东会对公司章程进行修改。受让人作为新股东可以要求股东会更换董事或监事，由其出任或委任新董事或新监事。但如果公司章程仅涉及股东和出资额，则无须召开股东会。

关于修改公司章程的决定，有限责任公司需有代表 2/3 以上表决权的股东同意；一人有限责任公司需提交股东签署的书面决定；股份有限公司需要提交经会议主持人及到场的董事签字的股东大会会议记录。此外，国企还需提交国务院或当地政府国有资产监督管理机构的批准文件。

第四步：变更工商注册登记。

工商注册登记变更是指就公司章程修改、股东股权变更、董事会变更、监事会变更等向市场监管部门申请工商注册登记事项变更。有限责任公司变更股东，应当自股东变更之日起 30 日内至市场监管部门办理变更登记。

第五步：转让股权公告。

转让股权公告并不是法律规定的必需程序，但对于规模大的公司来说，转让股权公告公布后，可以提升管理的透明度，获得公众的信任，尤其是市场交易相关人对公司的信任。

在股权变更过程中，股权转让协议是非常重要的，其实质是处理原股东手里的股权。下面为大家整理了一份股权转让协议书的范本，供大家参考。

股权转让协议

甲方（出让方）：　　　　　　　身份证号码：

乙方（受让方）：　　　　　　　身份证号码：

＿＿＿公司于＿＿＿年＿＿＿月＿＿＿日在＿＿＿市设立。本股权转让协议书签订之时，甲方持有公司＿＿＿股权。现甲、乙双方根据《中华人民共和国公司法》《民法典》等相关法律法规的规定，经协商一致，就转让股权事宜，达成如下协议。

一、协议前提

1.双方确认，本协议的所有内容与条款均建立在双方平等自愿的基础上，经过双方多次商议后制定并签署，不属于格式条款；本协议签署时，不存在任何欺诈、胁迫、乘人之危或其他任何可能导致本协议无效、可撤销的情形；双方签署本协议之前，已仔细阅读本协议并完全理解本协议全部条款，双方同意依据本协议条款出让目标股权。

2.甲方同意以其个人全部资产对本协议项下甲方义务承担连带清偿责任。

二、转让标的

1.甲方同意将其在＿＿＿公司所持有的＿＿＿股权转让给乙方。

2.乙方同意受让前款甲方出让的＿＿＿公司＿＿＿股权。股权转让后由乙方承受全部甲方相关义务，包括但不限于继续履行＿＿＿公司章程规定的注册资本缴纳义务。

3.经甲、乙双方确认，此次股权转让的价格为＿＿＿元。

4.乙方在签署本协议的同时向甲方支付全部股权转让价款，甲方确认已经收到。

三、甲方的保证

1. 甲方保证其转让给乙方的目标股权拥有完全处分权，且目标股权无质押、未被查封、免遭第三人追索，否则甲方应当承担由此引起的经济和法律责任。

2. 甲方违反上述规定给乙方造成损失的，乙方有权向甲方追索。

四、有关公司盈亏（含债权债务）承担

1. 目标股权的工商变更登记办理完成后，乙方成为公司股东。即日起，依照其股权比例享有利润分成，承担经营风险与亏损。

2. 自本协议生效起，乙方享有公司债权；未经乙方书面允许，甲方不得处分。

3. 乙方成为公司股东前，公司的全部债务由甲方以个人资产承担连带清偿责任，与乙方无关；乙方先行垫付的，甲方应当偿付。乙方成为公司股东后，公司产生的债务由乙方承担。

4. 甲方在本协议签署后，应保证向乙方如实披露公司债务。若在股权转让前，甲方未如实告知乙方公司所负债务情况，致使乙方成为股东后所遭受的损失，乙方有权向甲方追偿。

五、变更登记

1. 甲、乙双方同意并确认，公司股权的工商变更登记由甲方负责办理。

2. 甲方办理目标股权的工商变更手续需要乙方配合时，乙方应当配合。

3. 办理目标股权的工商变更登记过程中产生的开支、税费及其他费用，均由乙方承担。

六、违约责任

1. 任何一方违反本协议规定时，应该承担违约责任。

2. 以下任何一种情形出现时，视为甲方违约，乙方有权单方面解除本协议，并有权要求甲方赔偿乙方因此造成的所有损失；同时，乙方亦有权选择甲方继续履行本协议，此时甲方需支付股权转让总价款每日万分之三的逾期履行违约金，直至违约情形结束为止。

（1）甲方未能履行本协议第三条"甲方的保证"，或其他的任何一项有关保证、承诺的条款。

（2）甲方违反本协议约定的条件及时限办理股权转让的商事登记、更改股东名册、更改目标公司章程等手续的。

3.若乙方未能按照本协议约定的条件及时限履行付款义务，乙方需支付相当于股权转让总价款每日万分之三的逾期履行违约金直至违约情形结束。

4.本协议签订后，如因乙方原因导致甲方不接受乙方付款，甲方不承担逾期付款的违约责任。

七、协议书的变更或解除

1.协议双方协商一致，可以变更或解除本协议书。

2.经协商变更或解除本协议书的，双方需另签订变更或解除协议书。

八、有关费用的承担

在本次股权转让过程中发生的有关费用，由＿＿＿方全部承担。

九、争议解决方式

凡因本协议引起的或与本协议有关的任何争议，甲、乙双方应友好协商解决，如无法协商，在双方均同意的情况下，可提交＿＿＿公司注册所在地法院处理。

十、生效条件

本协议书经双方签字即成立并生效。

十一、文本

1.本协议书一式二份，双方各执一份，具有同等效力。

2.因办理变更登记手续而需要甲、乙双方另行签署的文本，其内容若与本协议不一致的，均以本协议为准。

甲方：   乙方：

签字：   签字：

日期：＿＿年＿＿月＿＿日   日期：＿＿年＿＿月＿＿日

13.1.2　第二阶段：决定被并购，股权交割

2014年初，张伟和李林为自己的公司伟林进行了IPO申报工作。2014年1月12日，证监会发布了《关于加强新股发行监管的措施》，再加上当时股

市波动比较大，导致公司上市效率受到影响，所以二人就放弃了首次公开发行股票。

2014 年 2 月，放弃将公司上市的张伟和李林制定了并购策略，希望有合适的公司可以并购伟林。过了不久，伟林就找到了合适的并购方，即鼎盛集团。

在并购过程中，股权交割是必备环节，意味着股权所有人发生变更。为了让股权交割顺利完成，我们需要了解与之相关的一些规定。

（1）股权交割必须经过国家有关部门批准，而且，交割股权时不得损害国家持有的股权的权益。

（2）证券交易场所、证券登记、证券过户、证券经营等机构，须保证外地委托人与本地委托人享有同等待遇，不得差别对待外地委托人。

（3）股份有限公司的董事、监事、高级管理人员和持有公司 5% 以上有表决权的法人股东，将其所持股票在买入后 6 个月内卖出或者在卖出后 6 个月内买入，由此获得的利润归公司所有。

（4）股东转让其股权需要在法律规定的证券交易场所进行，或依据国务院规定的其他方式进行。

（5）公司发起人持有的公司股权，在公司成立之日起 1 年内不得交割。公司上市前发行的股权，自公司在证券交易所上市交易日起 1 年内不得交割。

在进行股权交割时，一定要提前了解与之相关的规定。当然，如果有条件，也可以委托代理人代为处理股权交割事宜，防止出现不必要的法律风险。

13.1.3　第三阶段：公司性质变更，注册资本不调整

2015 年 1 月，张伟和李林代表与亚成资本签署了并购合同，亚成资本以 195 万元的价格受让伟林 29% 的股权。因为亚成资本是鼎盛集团的控股公司，所以伟林的股权转让给亚成资本，其实就相当于转让给了鼎盛集团。

那么，为何伟林的股权没有直接转让给鼎盛集团呢？主要有以下两点原因。

（1）伟林的规模比较大，如果被并购，将构成重大重组，证监会需要对此进行审批。审批流程非常严谨，审批周期较长，因此，为了提前锁定并购交

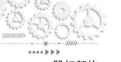

易，鼎盛集团选择先让亚成资本收购伟林的股权，等到时机成熟后，自己再收购亚成资本的股权。

（2）当时鼎盛集团正忙于借壳上市，而且借壳工作没有完成。如果鼎盛集团在这种情况下收购伟林，很可能会节外生枝，影响借壳进程。

2016年3月，伟林和鼎盛集团的并购交易完成，伟林将公司性质由股份有限公司变更为有限责任公司，注册资本则保持不变。

13.1.4 第四阶段：股权尘埃落定，股东变现离场

2016年12月，鼎盛集团完成借壳上市，并提出购买张伟、李林、王立强、志润科技所持股权，交易作价大约为1.5亿元。后来他们签署了股权转让协议，至此，鼎盛集团与伟林正式合为一体，伟林的股权全部由鼎盛集团持有，双方办理了相关手续。而伟林的创始人张伟、李林和其他股东王立强、志润科技则顺利变现离场。

13.2
被并购公司设计股权架构的重点

在并购过程中，合理设计股权架构一方面能够为公司建立并购优势，另一方面可以使公司的业绩实现指数级增长。但有些公司因为缺乏经验，不知道如何设计股权架构，所以拖慢了并购进程，甚至引发了并购风险。本节就为大家解决被并购公司的股权架构设计问题。

13.2.1 明确股权比例，加速并购

无论是并购时还是并购后，公司都应该有科学、合理的股权架构。在实

际操作过程中，持有不同比例股权的并购方，其面临的并购交易也有所不同。

（1）如果并购方持有公司 5% 的股权，需要在并购交易发生之日起 3 日内，向国务院证券监督管理机构、证券交易所提交书面报告，通知公司并予以公告。

（2）当并购方的股权达到 30%，并准备继续并购时，其必须向国务院证券监督管理机构提交上市公司并购报告书，并附注规定事项。

（3）并购方持有的股权达到 75% 以上，则被并购的公司需要终止上市。

（4）并购方持有的股权高达 90% 以上，持有剩余股权的股东有权让并购方以同等条件收购其股权。

（5）并购期间，公司需要排除其他方式的并购。

（6）并购交易结束后，并购方需要在 15 日内将情况报告给相关部门，并予以公告。

还有一点需要注意的是，并购涉及一个过渡期。在这个过渡期内，并购方是受保护的，即原股东不得转让其所持被并购方的股权；被并购方不得进行利润分配或利用资本公积金转增股本；被并购方的任何资产均未设立抵押、质押、留置、司法冻结或其他权利负担；被并购方未以任何方式直接或者间接地处置其主要资产，也没有发生正常经营以外的重大债务；被并购方的经营或财务状况等方面未发生重大不利变化。

我们需要了解上述保护条款，以便因为出现不利事项而影响并购交易。

13.2.2　做税收筹划，控制风险

税收筹划起源于 1935 年英国的一宗税务案件，当时参与此案件的汤姆林爵士对税收筹划作出了这样的表述：“任何一个人都有权安排自己的事业。如果依据法律所做的某些安排可以少缴税，那就不能强迫他多缴税收。”

经过半个多世纪的发展，税收筹划的定义演化为：在法律规定的范围内，通过对经营、投资、理财等行为的提前筹划与安排，尽可能获得更多合法、合规的经济利益。下文将对税收筹划的 3 个关键点进行讲解，以便帮助公司更好地进行税收筹划。

1. 并购存在大量关联交易的公司，税务风险比较高

如果被收购方存在大量关联交易，并购方在并购时需要额外注意其关联交易转让定价的税务风险。根据《企业所得税法》的相关规定，公司与其关联方的业务往来定价应与该公司同其他独立公司间的业务定价相当，并将有关文件向税务机关备案。任何与该规定不相符的安排都可能导致公司产生关联交易，从而被税务机关要求调整转让定价，并补征相关税款。

因此，并购方在并购时往往会评估税务风险，并在定价、并购协议中对税务风险进行相应的安排。这就要求被并购公司必须提前准备并妥善保管与关联交易相关的资料和文档，如定价政策、可比信息、预约定价安排等。

2. 考虑股权激励计划背后的税务风险

根据相关法律规定，公司可以将股权激励成本按照一定的计算方式作为工资薪金支出在税前扣除。被授予股权激励的员工，公司需要为其代扣代缴个人所得税。但一些公司由于对税法了解得不够全面，未能及时在税前扣除股权激励成本，或未能做好个人所得税的代扣代缴工作，从而引发相关的税务风险。

3. 海外并购的税务筹划涉及哪些问题

海外并购的税务筹划通常涉及以下 4 个问题。

（1）海外并购是否有合理的商业目的？如果并购不具备合理的商业目的，那么税务机关有权根据相关法律合理调整公司应纳税款。

（2）是否能利用税收协议／安排？在选择海外并购的地点时，我们应该考虑该国家、地区是否与我国有相关的税收协议／安排，例如，申请享受股息、利息等税收协定待遇，是否需要提供能证明其"受益所有人"身份的相关资料。

（3）境外中资公司被判定为中国居民企业的问题。设立在境外的中资公司，如果在境内拥有实际管理机构，那就会被认定为中国居民企业。中国居民企业需要缴纳企业所得税。

（4）汇回收入的境外税负抵扣问题。如果公司的境外投资架构过于复杂，致使汇回收入无法完全抵扣境外已缴税负，那么通常公司就需进行适当的重组。

除了上述关键点外，并购交易的税收筹划还需要考虑另外 3 个方面：并购交易实施过程中的税务，如股权收购税务、资产收购税务等；在日常经营中产生的经营利润、资本利得、股息分配等相关税负；退出并购交易产生的税务等。

13.2.3　如何发挥并购基金的作用

并购基金是专注于从事并购交易的基金，是 20 世纪中期在国外发展起来的。基金机构通常会以控股或参股的方式获得公司的股权，然后对公司进行一系列的业务整合和重组改造，等到公司的盈利有所提升时再将自己持有的股权出售，从而获得增值收益。

有些公司在并购时会设立并购基金，这种做法有以下几点好处。

（1）增强公司实力，提升估值。大多数业务整合和重组改造都有利于增强公司实力，扩大公司在市场上的影响力。而且，因为并购基金会让并购风险更可控，所以可以使股价有较大幅度上涨，公司的估值也会有所提升。

（2）提升并购效率。基金机构可以利用并购基金先进行并购交易，防止公司错过最佳并购时机。此外，基金机构也可以根据市值管理的需要和相关监管政策，帮助公司寻找最合适的合作者，使并购的成功率更高，同时提升并购效率。

（3）杠杆并购不需要占用公司大量资金。通过并购基金进行并购交易，属于杠杆并购，公司不需要花费较高的成本，而且可以根据并购进度逐期支付，其余资金则由并购基金管理人进行募集，有利于以更快的速度锁定并购标的。

（4）基金机构更专业，可以规避并购风险。在并购过程中，我们必须重视 3 类风险：战略决策失误风险、信息不对称风险、业务整合和重组改造风险。此外，并购标的可能在财务、法律等方面有一定的瑕疵，从而无法顺利上市，此时基金机构可以通过并购基金对并购标的进行合规化处理，等并购标的符合上市要求后，再进行并购交易。

（5）提供"过桥资金"。如果公司独立进行并购，很可能会因为没有足够的闲置资金而错过最佳并购时机。而基金机构可以通过并购基金为公司提供较高的资金杠杆，先以并购基金的方式对并购标的进行整合，然后将其并入公司。

但是在并购基金退出阶段，我们要警惕交叉持股问题。交叉持股对于公司来说是有风险的，可能会导致财务核算、控制权不稳定等问题。我们可以通过以下具体操作方法来规避交叉持股可能带来的风险。

（1）上市公司提前退出并购基金，并购基金将自己所持股份转让给上市公司，以帮助上市公司顺利变现。然后，上市公司向并购基金发行股份购买资产。

（2）上市公司先将并购基金的股份转让给控股股东或投资人，再向并购基金发行股份购买资产。

（3）上市公司除了向并购基金发行股份购买资产外，还应该向并购基金支付现金对价，以便让自己低成本、低风险地从并购基金中退出。

（4）上市公司收购并购基金其他股东或投资人持有的所有股份，这样就可以全资控制并购基金，并间接持有标的公司 100% 的股权。

2015 年，博雅生物成立了并购基金——懿康投资，以便并购新百药业。懿康投资对新百药业进行了两次投资交易，分别获得了其90% 和10% 的股权，交易作价分别是 5.58 亿元和 0.62 亿元。过了一段时间，懿康投资将自己持有的新百药业的 0.001% 的股权转让给博雅投资，交易作价为 6 200 元。当时新百药业的股权架构如图 13-1 所示。

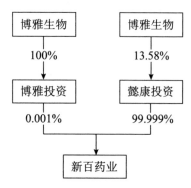

图 13-1　新百药业的股权情况

然后，博雅生物打算购买懿康投资持有的新百药业的部分股权。但如果博雅生物直接向懿康投资发行股份，则会导致交叉持股问题。因此，博雅生物提前退出懿康投资，成为懿康投资的债权人。懿康投资需要向博雅生物承担 1 亿元的债务（退出金额）。

经过双方协商，懿康投资决定以股权的方式偿还债务，具体做法是这样的：懿康投资向博雅生物转让新百药业 16.13% 的股权，抵消自己对博雅生物 1 亿元的债务。至此，博雅生物不仅顺利退出了懿康投资，还解决了发行股份购买资产导致的交叉持股问题。

资料来源：中国经济网《博雅生物收购南京新百医药资产 定增 5 亿大股东认购过半》

13.3 案例分析：掌握被并购型股权架构

在并购时，快速明确自己应该出让的股权，并设计一个科学、合理的股权架构非常重要。但有些实力比较强大的公司可以根据自身情况对股权架构进行创新设计，如福布斯传媒、融创中国、前程无忧等。大家可以参考和借鉴这些公司的做法，制定适合自己的股权架构。

13.3.1 福布斯传媒被并购时的股权变化

《福布斯》（Forbes）杂志是一本美国福布斯公司的商业杂志，该杂志每年都会根据财产的多少给全球富人排名。但在 2014 年，这本杂志被卖掉了，买方是知名投资人任德章和谢伟琦。换言之，福布斯家族经营和管理上百年的杂志由我国的两名投资人接手。

《福布斯》杂志的母公司是福布斯传媒，其于 2014 年 7 月宣布向本汇鲸媒体投资有限公司（以下简称"本汇鲸公司"）转让超过 51% 的股权，而福

布斯家族则保留少量股权，以便继续参与福布斯传媒的经营和管理。

股权转让完成后，本汇鲸公司与福布斯传媒正式开展合作，共同提升福布斯传媒在传媒、数字技术、品牌营销等领域的市场份额。在此次交易中，福布斯传媒的估值是 4.75 亿美元，本汇鲸公司可以获得其 63% 左右的股权，交易作价大约是 3 亿美元。

通过此次交易，福布斯家族转让了大约 18% 的股权，获得了 8 500 万美元左右的收入。本汇鲸公司获得的另一部分股权来自 Elevation Partners。之前 Elevation Partners 以 2.65 亿美元的价格购买了福布斯传媒 45% 的股权，但后来因为某些原因，Elevation Partners 不想再继续持有这部分股权，而此次交易则恰好帮助其从福布斯传媒中完全退出。

本汇鲸公司在 2014 年成立，是由前文提到的任德章和谢伟琦带头组建的。此外，任德章名下的投资公司本汇资产管理（亚洲）有限公司也是本汇鲸公司的股东，该公司主要参与公开及私募股权投资工作，在电信、金融等领域有一定的建树。

在本汇鲸公司正式入驻前，福布斯传媒一直是由福布斯家族控制的，史蒂夫·福布斯（Steve Forbes）是公司的董事长。完成股权转让后，福布斯传媒没有更名，总部依然设在美国，而且其私营、独立公司的定位也没有任何改变。此外，史蒂夫·福布斯留任福布斯传媒，担任主席和总编的职务，领导团队处理相关事务。

对于本汇鲸公司来说，收购福布斯传媒是一项重大的里程碑事件，有利于促进其自身变革和发展，使其在市场上更有竞争力。而对于 Elevation Partners 来说，此次交易也帮助其从福布斯传媒中全身而退，获得相应的收益。

本汇鲸公司与福布斯传媒合作，有利于二者相互赋能、彼此帮助。本汇鲸公司为福布斯传媒提供资本和一些其他方面的资源，如社交资源、技术资源等，帮助布斯传媒扩大全球影响力。而福布斯传媒则可以借助自身知名度为本汇鲸公司增强品牌吸引力，推动其持久发展。

资料来源：好奇心日报《福布斯传媒收购案：谁的买卖？》

13.3.2　融创中国并购乐视之路

2016 年 12 月，曾经火爆的视频平台乐视面临严重的资金紧缺问题，希望可以尽快找到合适的投资人。就在这时，融创中国的董事长孙宏斌向乐视抛来橄榄枝，拟收购乐视的部分股权。过了一个多月，融创中国和乐视联合发布了一个公告：融创中国以战略投资的方式入股乐视，交易作价大约 150 亿元。此次交易很好地解决了乐视的资金短缺问题。

根据融创中国和乐视的公告，融创中国投资乐视旗下的 3 家公司，整个交易可以分为 3 部分。交易完成后，融创中国成为乐视的大股东，在乐视享有相应的权益。

第一部分交易以乐视网为核心，乐视网创始人将自己持有的 8.61% 股权转让给融创中国，总价高达 60.41 亿元。至此，融创中国成为乐视网的第二大股东。当时乐视网有非常不错的内容制作能力，也有规模超大的内容版权库，而且已经构建起以"平台＋内容＋硬件＋软件＋应用"为基础的互联网视频生态圈。在视频行业，乐视网的影响力非常大，当然，这也是其可以吸引融创中国投资的重要原因之一。

第二部分交易以乐视致新为核心，融创中国获得了其 33.5% 的股权，总价大约 79 亿元。需要注意的是，在 33.5% 的股权中，有 26.1% 的股权是增发前老股，总价大约 49 亿元；还有一部分是新增发股权，总价在 30 亿元左右。

第三部分交易以乐视影业为核心，融创中国获得了其 15% 的股权，总价为 10.5 亿元。乐视影业的盈利情况很不错，其参与的电影有 11 部，包括《长城》《盗墓笔记》《机械师 2》等，而且每部电影的票房均达到上亿元（11 部影片的总票房共计 39.5 亿元）。凭借这些电影的高票房，乐视影业成为当时增速非常快的公司。

融创中国投资乐视属于战略投资，与并购其实没有很大差别。交易完成后，融创中国除了可以获得盈利外，还会与乐视分享资源，实现双赢。此外，融创中国分别向乐视网、乐视致新、乐视影业派驻董事，以便参与相关业务板块的经营决策。

在对乐视进行投资时，由于融创中国采用的是成本法核算，因此即使乐

视的股价出现波动，也不会对其利润产生很大影响，而且这样还有利于促进其实现多元化发展。虽然现在乐视风光不再，但不得不说，就当时的情况来看，融创中国的投资决策还是比较明智的。

资料来源：新浪财经《乐视获融资168亿！融创成乐视网第二大股东》

13.3.3　拉勾网与前程无忧明确股权分配

2017年9月，中国知名人力资源服务商前程无忧与拉勾网达成合作，前程无忧以1.2亿美元的价格购买拉勾网60%的股权。此前，业内一直流传着前程无忧要并购拉勾网的消息，但这些消息都被拉勾网否认了。拉勾网联合创始人马德龙还在内部信中对这些消息进行了声明，公开表示前程无忧的1.2亿美元投资属于拉勾网的D轮战略融资，与并购有所差别。

但其实在投融资界，战略投资与并购没有很大差别，而且前程无忧获得了拉勾网60%的股权，这个股权比例已经在控股范围内了，应该属于并购。当然，无论是并购还是战略投资，拉勾网与前程无忧在交易完成后都是"一根绳上的蚂蚱"。

拉勾网创始人许单单曾经表示，早在2014年，前程无忧就有投资拉勾网的想法。但因为当时拉勾网风头正劲，仅成立1年估值就达到1.5亿美元，所以交易没有成功。再加上许单单还想拓展拉勾网的业务，觉得不适合引入投资人，就更不愿意答应前程无忧的投资请求。

但到了2017年，许单单意识到，拉勾网需要更多资金，而且缺少跨界的能力，便想寻找合适的投资人。许单单接触了很多潜在的投资对象，除了VC（风险投资）和独立的PE机构外，甚至还接触了一些保险公司。但最后，许单单还是选择与前程无忧"牵手"，用60%的股权换取1.2亿美元的资金。在此次交易中，双方各取所需。

完成与前程无忧的合作后，拉勾网拥有了更多资金和资源。正如拉勾网联合创始人马德龙在内部信上所说："拉勾比以前更强大，将更有能力去改变现有人力资源行业的陈旧与乏味。"相应的，前程无忧也从拉勾网那里获得回报。

前程无忧用 1.2 亿美元获得了拉勾网 60% 的股权，成为拉勾网的第一大股东。与拉勾网的 C 轮融资（2016 年 3 月，拉勾网获得来自弘道资本领投、启明创投等机构跟投的金额为 2.2 亿元的 C 轮融资）相比，1.2 亿美元是一笔巨额资金。当然，在与前程无忧合作的过程中，拉勾网付出的股权代价也比在 C 轮融资中付出的代价高得多。

2014 年，拉勾网的估值是 1.5 亿美元，3 年后，即前程无忧投资拉勾网之际，拉勾网的估值是 2 亿美元，比之前仅增长了 5 000 万美元。因此，估值涨幅不大应该也是拉勾网同意将大部分股权转让给前程无忧的重要原因之一。

从理论上来讲，转让 60% 的股权意味着创始团队已经失去了对拉勾网的控制权，所以此次交易难免会被贴上"并购""卖身"的标签。但包括许单单、马德龙在内的创始团队并未离开拉勾网，拉勾网依然由他们经营。除了创始团队外，拉勾网的管理层和一些老股东也依然持有股权，就连员工期权池也依然是独立存在的。

由此可见，这次交易虽然有并购的意味，但没有对拉勾网的创始团队、管理层、老股东、核心员工，以及组织架构产生很大影响。

资料来源：个人图书馆《前程无忧 51Job 战略投资拉勾网大揭秘》

后 记

2022年春天，我居家了60多天。虽然居家，但因为惦记公司经营事宜，我每天都要进行很多次电话会议。此外，我还因担心宅家过肥而每天进行锻炼。闲暇时间，我回顾了很多企业家朋友在创业、股权设计时向我咨询的问题，一鼓作气写了这本书。股权设计是一门科学，而不是一门艺术。在进行股权架构设计时，有很多客观方法可以借鉴，也有很多工具可以运用，为什么不写下来给予有需要的人一些参考呢？

我在我的上一本书《公司化运作》中写过："在工业社会的条件下，企业是社会稳定的基础，不仅是单纯的经济单位，也是员工赖以生存和发展的组织。"所以企业发展的目的不仅是获取利润，还要承担起一定的社会责任。

在当前竞争激烈的市场中，可能会有一些企业倒闭，也可能会有部分创业者转行。但是，依然会有很多创业者前赴后继地涌入创业大军中，就像哲学意义上新事物和旧事物的关系一样：新事物的产生和旧事物的灭亡是不可抗拒的，新事物必然代替旧事物。

创立公司容易，但经营公司不易。要想经营好一家公司，创业者要关注很多方面，如企业的股权架构、合伙机制、组织成熟度、内部的运营体系、外部的商业模式等。

为了使创业者、合伙人在创立公司时少走弯路，我从我专业研究的方向入手，以股权架构为出发点，通过股权架构顶层设计、股权架构模式解码、股

权架构重组规划 3 个方法体系，并结合一些翔实的案例，为大家上好"企业创立第一课"。

我特别感谢家人给予我的爱与支持，也感谢易沃教育所有同仁的付出与努力。此外，我还感谢各位企业家朋友的真知灼见。新冠疫情无情，既然我们无法改变疫情的发展态势，那么我们不妨在因疫情而被迫居家的日子中静下心来，潜心地进行自我调整与审视，用文字凝结多年的实践所得，用键盘的敲击声为 2022 年的春天增添色彩。